PEDRO LEOPOLDO VISTA POR

Chico Xavier

1910-1959. 49 anos da presença do maior médium de todos os tempos.

PEDRO LEOPOLDO VISTA POR

Chico Xavier

1910-1959. 49 anos da presença do maior médium de todos os tempos.

Organização:
GERALDO LEÃO
GERALDO LEMOS NETO

VINHA DE LUZ
SERVIÇO EDITORIAL

Belo Horizonte
2011

VINHA DE LUZ
SERVIÇO EDITORIAL

EDIÇÃO: Vinha de Luz | Serviço Editorial
Departamento Editorial da Casa de Chico Xavier
Av. Álvares Cabral, 1777 | 20º andar | Sala 2006 | Santo Agostinho | 30170-001 | Belo Horizonte | MG
(31) 2531-3200 | 2531-3300 | 3517-1573
www.vinhadeluz.com.br — informacoes@vinhadeluz.com.br | www.casadechicoxavier.com.br

COORDENAÇÃO EDITORIAL
Célia Maria de Oliveira Soares | Geraldo Leão | Geraldo Lemos Neto

CAPA
Jureni Vergílio

FOTOGRAFIAS DA CAPA
Pedro Leopoldo — Arquivo Geraldo Leão | Chico Xavier — Casa de Chico Xavier

TEXTOS DAS SEPARATÓRIAS
Walter Machado. In: Joan Crawford, uma homenagem. Belo Horizonte: Formato, 1993.

CRONOLOGIA | LEGENDAS:
Geraldo Leão — Arquivo Geraldo Leão

LEGENDAS:
Jhon Harley Madureira Marques — In: O voo da garça - Chico Xavier em Pedro Leopoldo | 1910-1959. Vinha de Luz, 2. ed. 2010.
Wanda Amorim Joviano — In: Colheita do bem. Vinha de Luz, 2010.

TRATAMENTO DE IMAGENS | DIAGRAMAÇÃO | REVISÃO TÉCNICO-CIENTÍFICA
Célia Maria de Oliveira Soares

1ª edição — setembro 2011 | 2.000 exemplares

Dados Internacionais de Catalogação na Publicação (CIP)
(Câmara Brasileira do Livro, SP, Brasil)

Pedro Leopoldo vista por Chico Xavier : 1910 - 1959 :
    49 anos da presença do maior médium de todos os tempos /
organização Geraldo Leão , Geraldo Lemos Neto . - -
Belo Horizonte : Vinha de Luz , 2011 .

Bibliografia.

    1 . Espíritas - Biografia 2 . Médiuns - Brasil
3 . Xavier , Francisco Cândido , 1910 - 2002 I . Leão ,
Geraldo . II . Lemos Neto , Geraldo .

11-09255   CDD - 133.9092

Índices para catálogo sistemático :

1. Brasil : Médiuns : Biografia e obra 133.9092

DEDICATÓRIA

A José Alves, conhecido por Zé Godê, inspirador do Arquivo Geraldo Leão, nosso preito de eterna gratidão e amor. Figura legendária em Pedro Leopoldo, nos anos 50 e 60 cultivava legumes e hortaliças em seu terreno no Barreiro e caminhava até o centro da cidade para comercializar seus produtos. Nas horas vagas, limpava quintais.

AGRADECIMENTO

Agradeço à minha esposa, aos meus filhos, à UNIMED-Pedro Leopoldo, na pessoa do Dr. Sérgio Goube Bogado, às demais pessoas que colaboraram comigo na preservação da memória de Pedro Leopoldo, e especialmente a Geraldo Lemos Neto, que propiciou a edição deste livro.

Em memória de meus pais, do casal Waldemar Silva, o Pachequinho, e Lucília Xavier Silva — irmã de Chico Xavier —, Francisco Teixeira de Carvalho, André Luiz Xavier — irmão de Chico Xavier —, Flávio Renan Xavier, filho de José Cândido Xavier — irmão de Chico Xavier —, Neio Lucius Xavier, neto de José Cândido Xavier, Jaques Albano da Costa, meu tio, Osvaldo Gonçalo do Carmo, colega de trabalho de Chico Xavier na Fazenda Modelo, Hermelita Soares Horta — de Matozinhos —, José Gonçalves de Oliveira, o Juquinha Custódio — de Matozinhos.

Geraldo Leão

AGRADECIMENTOS ESPECIAIS

Geraldo Leão — Arquivo Geraldo Leão
Jhon Harley Madureira Marques — Aliança Municipal Espírita de Pedro Leopoldo
Sérgio Luiz Ferreira Gonçalves
Cidália Xavier de Carvalho
Wanda Amorim Joviano
Walter Machado
Gilberto Santos
Casa de Chico Xavier de Pedro Leopoldo
Grupo Espírita Scheilla de Pedro Leopoldo
Memorial do Centro Espírita Luiz Gonzaga
Oceano Vieira de Melo — Versátil Vídeo Spirite
Caio Ramacciotti — Grupo Espírita Emmanuel (GEEM)

SUMÁRIO

APRESENTAÇÃO

A ideia deste livro surgiu de nosso contato com o memorialista e pesquisador histórico Geraldo Leão, da cidade de Pedro Leopoldo. Desde sua juventude, vem ele colecionando fotografias, documentos, testemunhos e curiosidades sobre a cidade natal de Chico Xavier.

Em 6 de julho de 1975, portanto, há 36 anos, fundou o Arquivo Geraldo Leão, tendo como inspirador e incentivador o Sr. José Alves, o "Zé Godê", que lhe concedeu a primeira entrevista gravada sobre os primórdios da cidade mineira. Não por acaso resolvemos dedicar-lhe este livro pela brilhante iniciativa cultural levada a efeito com dedicação e esmero pelo memorialista Geraldo Leão.

Como não poderia deixar de ser, neste trajeto de muitas décadas muito material inédito sobre Chico Xavier, incluindo fotografias e documentos interessantes, foi recuperado, classificado e arquivado por Geraldo Leão e sua equipe de colaboradores.

A partir das comemorações do centenário de nascimento de Francisco Cândido Xavier no ano passado, em 2010, surgiu-nos a ideia de editar um livro de fotografias que retratassem principalmente o ambiente socioeconômico e cultural vivenciado pelo médium de Pedro Leopoldo dentro do período em que ele lá residiu desde o berço, em 1910, até a sua mudança definitiva para Uberaba, em 1959.

O que o menino, o jovem e o adulto Chico vislumbrou em seus primeiros anos de experiências humanas e durante o desabrochar de suas faculdades mediúnicas a serviço de Jesus Cristo e da Doutrina dos Espíritos? O que teria o seu cândido olhar registrado pela retina da convivência e da saudade? Qual teria sido a Pedro Leopoldo vista por sua retina amorosa e compassiva?

Recentemente, o Grupo Espírita Emmanuel (GEEM), de São Bernardo do Campo, São Paulo, uma das maiores editoras de livros psicografados por Chico Xavier, através de seu diretor Caio Ramacciotti, publicou a 18ª edição ampliada do excelente livro "Mensagens de Inês de Castro", inserindo nela um novo capítulo — "Isabel de Aragão, Chico Xavier e os Idos de 1910" — contendo um belíssimo depoimento de Chico Xavier a respeito de seu primeiro olhar sobre a Pedro Leopoldo em que viria reencarnar.

Transcrevo suas próprias palavras e com elas convido o leitor amigo a percorrer com ele estas saudosas vistas e paisagens sublimes:

"(...) De minha parte, pela primeira vez, enxergava a paisagem de Pedro Leopoldo. Era bem um vale úmido a vila modesta que pisávamos. Uma cachoeira de águas claras parecia cantar no terreno recentemente desbravado, e as linhas da via férrea se me figuravam antenas horizontais do progresso que penetrava pelo verde adentro.

O ribeiro separava o povoado em duas regiões distintas. Do lado norte, de que vínhamos, estava a indústria nascente dos tecidos de algodão, e para cá do ribeiro, no lado sul, o casario escasso parecia um conjunto de grandes pombais caiados de branco. A oeste, o sol entrava no poente.

Entrei, com benfeitores amigos, numa rua que se abria, como até hoje, à frente da igreja, singela, mas já construída em louvor da mãe de Jesus. Estacamos à porta de entrada da casa que seria o meu lar. Aguardamos alguns minutos de expectação, quando jovem senhora, em companhia de outras, se destacou para entrar na residência humilde. Era morena, de baixa estatura, vestindo roupa simples e de sorriso amigo, evidenciando resignação e simplicidade. Os cabelos trançados se lhe enrodilhavam de modo gracioso na cabeça. Despediu-se das companheiras que seguiram à frente e passou por nós sem ver-nos.

Um dos benfeitores explicou: 'Esta é a nossa irmã tutelada de João de Deus. Em várias existências, brilhou na cultura do mundo e, por várias vezes, se consagrou à religião em casas de fé. No entanto, em fins do século passado, pediu a maternidade por tarefa primordial, rogando ambiente de extrema carência material para burilar-se na própria alma. Tem agora a idade de 26 anos na experiência física, um marido operário, junto de quem é humilde tecelã numa fábrica de tecidos, e já foi mãe de oito filhos, tendo perdido uma filhinha, desencarnada em idade tenra, mantendo ainda sete que estão em crescimento'.

Chico continuou: uma simpatia profunda me ligou imediatamente àquela mulher humilde e tranquila. Parecia-me rever, em roupagem diferente, uma irmã querida de quem me afastara, sem precisar o tempo. Incapaz de explicar a emoção que me dominava, caí em pranto, em que a dor se misturava com a alegria, pois reencontrava uma criatura afetuosa e amiga. Lembro-me de que não pude conter-me e caminhei para ela envolvendo-a num grande abraço. A senhora sentiu profunda comoção e começou, também, a chorar, ignorando como explicar a si própria o motivo de tantas lágrimas. Decorridos instantes, entrou o marido, um homem claro, magro e alto, usando o colete antigo sob o paletó comum e após retirar um boné, que trazia na cabeça pintalgada de algodão, perguntou:

— 'Maria, o que houve, por que chora?'

— 'João,' – respondeu ela – 'eu mesma não sei. Estou assim como quem se recorda de alguém que a gente ama e que a morte não mais nos deixa ver...'

— 'Você andou lendo algum romance.' – falou aquele que iria ser meu pai.

— 'Não, nada li... É apenas um estado estranho em que entrei...'

O dono da casa buscou o interior da moradia, de onde vinham vozes e gritos de crianças, e Maria de São João de Deus sentou-se e orou, ali mesmo, na sala estreita, pedindo a Jesus a paz de quem ali estivesse na condição de alma em saudade e sofrimento.

Penetrei nos recantos da casa, na qual deveria, em breve, habitar. A pobreza e a simplicidade de tudo faziam-me chorar. Retornamos à vida espiritual e, pouco tempo mais tarde, voltei para que me ligasse à Maria de São João de Deus em definitivo.

Foi em 1910, quando tive a obrigação de obedecer a severas disciplinas para que tudo ocorresse segundo a Vida Maior e não conforme os meus ideais, egoísticos, talvez, de felicidade e de amor. (...)"

Os textos que permeiam as fotografias são excertos de escritos de meu tio-avô Walter Machado sobre a pacata — mas vibrante — Pedro Leopoldo da primeira metade do século XX, época gloriosa de Chico Xavier.

Geraldo Lemos Neto
Pedro Leopoldo, 5 de agosto de 2011.

CRONOLOGIA

1910

2 de abril — Nasce, em uma casa humilde da Rua São Sebastião, Francisco de Paula Cândido — o Chico Xavier — filho de João Cândido Xavier e Maria de São João de Deus.

1912

8 de dezembro — É fundada a Corporação Musical Cachoeira Grande por diretores e operários da Fábrica de Tecidos. Seu primeiro presidente foi José Nicolau da Silva Lopes. Seu primeiro maestro foi Cândido Moreira.

1913

12 de novembro — Nasce, em Cardosos, Sinfrônio Torres de Freitas, mais tarde vigário da paróquia de Nossa Senhora da Conceição por mais de 40 anos.

1915

15 de setembro — Morre Maria de São João de Deus, mãe de Chico Xavier. Nessa época, aos cinco anos de idade, iniciam-se os fenômenos advindos de sua mediunidade.

1916

É inaugurada a iluminação pública. Aparece a primeira bicicleta, de propriedade de Ataliba Magalhães. É inaugurado o primeiro cinema, o Cine Progresso, de Ana Gonçalves Bahia de Alvarenga. Funcionou em um velho galpão, localizado no início da Rua Francisco Azevedo.

1918

30 de março — É fundada a Granja Pastoril Riachuelo — Fazenda Modelo.

1919

José Lagares, artesão de origem espanhola, funcionário da Estrada de Ferro Central do Brasil, cria o tradicional "Boi da Manta".

1920

Formam-se os primeiros médicos — Drs. José de Azevedo Carvalho e Christiano Ottoni Gonçalves Ferreira.

7 de julho — A Companhia Fabril Cachoeira Grande é encampada pela Companhia Industrial Belo Horizonte.

1921

Otoni Alves Ferreira da Silva presenteia a vila com uma grande casa de espetáculos, o Cine Otoni.

1923

15 de março — Os Drs. José de Azevedo Carvalho, Christiano Ottoni Gonçalves Ferreira e Rivadávia Versiani Murta de Gusmão iniciam campanha para a construção de um hospital.
7 de setembro — A lei estadual nº 843 cria o município de Pedro Leopoldo.

1924

6 de janeiro — É realizada na Fazenda Modelo a I Exposição Agropecuária do Ministério da Agricultura. No evento, foi feita a primeira fotografia da Corporação Musical Cachoeira Grande.
27 de janeiro — Nesse dia memorável, a cidade estava ornamentada com bandeirolas e estandartes com inscrições dos Estados brasileiros. Duas bandas de música abrilhantaram as solenidades, com as ruas tomadas pelo povo. Foram empossados os primeiros representantes da Câmara Municipal

de Pedro Leopoldo, os vereadores Amando Belisário Filho, Romero de Carvalho, Ivany Guimarães, João Rodrigues da Silva, Antônio Higyno Costa, Tranquilino Euzébio de Bastos e Cândido José da Silva. Procedendo a eleição da mesa diretora, foram eleitos: presidente, Romero de Carvalho, vice-presidente, Antônio Belisário Filho, e secretário, Ivany Guimarães. O secretário de governo Dr. Mello Viana destacou a importância de Pedro Leopoldo como crescente centro industrial, "fonte inesgotável de energias", afirmando "que é também por manter estas tradições que o povo desta comunidade pretende fazer desta terra um centro de progresso a brilhar no futuro na grandeza do Estado". Um grande banquete foi oferecido às autoridades, ao som dos acordes da União Orquestra, sob a regência do maestro José Flaviano Machado. À noite, com um grande baile no Grupo Escolar São José, terminaram as festividades do dia da instalação do município de Pedro Leopoldo.
17 de julho — Joaquim Tavares de Souza inaugura a Tipografia Tavares.

1925

É construído o açude da Fábrica de Tecidos — o Açude do Capão —, uma adutora que canaliza as águas do Ribeirão da Mata para acionar as turbinas da Usina de Força.

21 de abril — Começa a circular o jornal "Pedro Leopoldo", dirigido por Christiano Ottoni e Maurício Azevedo, e gerenciado por Joaquim Tavares de Souza. É criado o Jockey Clube Leopoldense, com a organização de Maurício Azevedo, Teodoro Viana, Rômulo Joviano, Thomaz Heath Dalton, William Fraise, Walfrido Bernardes, José Belisário Viana, Antônio Alves Barbosa Melo e Christiano Ottoni.
1 de março — O padre Sebastião Scarzello e alguns confrades fundam a Conferência de São Vicente de Paulo.

1926

Inaugurada a estrada que liga Pedro Leopoldo a Belo Horizonte, via Vera Cruz, Campanhã e Venda Nova, passando pela Serra das Aroeiras.

1927

3 de julho — É fundada a União Auxiliar Operária.
8 de julho — Chico Xavier, com 17 anos de idade, psicografa a primeira mensagem.

1928

19 de agosto — Inaugurada a estrada que liga Pedro Leopoldo a Dr. Lund. O ato foi prestigiado pelos Drs. Aníbal Fernandes e Christiano Ottoni, e por Amando Belizário Filho.

29 de outubro — Instalado o Centro Espírita Luiz Gonzaga, na Rua São Sebastião.

A cidade ganha o Tênis Clube e o Clube Recreativo Democrata.

1929

3 de fevereiro — Criada a paróquia de Nossa Senhora da Conceição. O primeiro vigário foi o padre José Augusto Ribeiro Bastos.

1930

José Belisário Viana autoriza a construção de um campo de pouso próximo à Fazenda Modelo para servir de base militar na Revolução. É construído o Moinho Campestre, na Rua Dr. Herbster, empreendimento de João Evangelista da Silva e filhos.

24 de outubro — Morre Romero Carvalho, primeiro agente executivo municipal (de 1924 a 1927).

1931

Junho — O médium Chico Xavier vê, pela primeira vez, seu guia espiritual Emmanuel. O fato ocorreu às margens do Ribeirão da Mata, próximo ao açude da Fábrica de Tecidos, conhecido como Açude do Capão.

1932

Chico Xavier publica o seu primeiro livro pela Federação Espírita Brasileira (FEB), o "Parnaso de além-túmulo", uma coletânea de poemas de autores espirituais portugueses e brasileiros.

1933

Criada a Inspetoria Regional da Divisão de Fomento da Produção Animal do Ministério da Agricultura na Fazenda Modelo.

23 de setembro — Após a fusão do Sport Clube e do Pedro Leopoldo Atlético Clube, é criado o Pedro Leopoldo Futebol Clube.

1934

12 de janeiro — É erguido um cruzeiro no Cemitério dos Bexiguentos, no alto do Campinho.

1935

Realizada a primeira eleição para prefeito, com a vitória do Dr. Christiano Ottoni, cuja administração — 1 de julho de 1935 a 7 de outubro de 1947 — foi a mais longa na história política de Pedro Leopoldo.

1936

1 de janeiro — Inauguração do Hospital São João Batista. A bênção das instalações foi ministrada pelo padre João Luiz Espeschit.
4 de julho — Forma-se a primeira diretoria da comissão responsável pelos trabalhos da construção da Igreja Matriz de Nossa Senhora da Conceição.

1937

Dr. Christiano Ottoni coloca no ar as ondas da PY4-B1, a primeira emissora de radioamador da cidade.

1938

18 de dezembro — É fundada a Associação Comercial e Industrial de Pedro Leopoldo. Seu primeiro presidente foi Otoni Alves Ferreira da Silva.

1939

18 de maio — É fundado o Industrial Esporte Clube.
25 de maio — Dá-se a inauguração da Praça de Esportes Dr. Geraldo Mascarenhas.
10 de dezembro — O Sport Clube Pedro Leopoldo é reorganizado e torna-se uma força futebolística no município.

1941

15 de outubro — Realiza-se a abertura da agência do Banco Agrícola de Sete Lagoas.

1942

1 de abril — É instalado o Departamento dos Correios e Telégrafos (DCT).
2 de agosto — Inaugurada a agência do Banco de Crédito Real.

1943

Inaugurado na Várzea Antônio Elias o Aero Clube de Pedro Leopoldo.

1944

Criação da comarca. Seu primeiro juiz de Direito foi o Dr. Walter Machado (1944 a 1949).

18 de setembro — Os pracinhas da Força Expedicionária Brasileira (FEB), residentes em Pedro Leopoldo, são enviados aos campos de batalha da Segunda Guerra Mundial, na Itália.

1945

30 de abril — É fundada a Serraria Malloy, de Ari Feliz Homem Bahia e Arthur José Orthona Malloy.

1946

27 de janeiro — Morre Otoni Alves Ferreira da Silva, considerado grande benfeitor da cidade de Pedro Leopoldo.

10 de fevereiro — Ocorre a instalação do Grupo Escolar Rui Barbosa. A primeira diretora designada foi Yolanda Pinheiro Chagas.

Devido a incêndio em sua sala de projeção, o Cine Teatro Otoni encerra suas atividades.

1947

23 de janeiro — A cidade ganha o Cine Teatro Central, empreendimento de Salvador Trópia e filhos. O filme inaugural exibido foi "Um lírio na cruz" ("Till we meet again"), com Ray Milland, Barbara Britton, dirigido por Frank Borzage, uma produção da Paramount Pictures, de 1944.

José Martins Filho coloca no ar a PRK-VEIRA, emissora de rádio com excelente programação musical, dando destaque aos artistas locais.

1948

19 de janeiro — Inaugurada a Cooperativa Agropecuária de Pedro Leopoldo.

8 de agosto — É fundado o Colégio Imaculada Conceição. A primeira diretoria foi constituída por Avelar Alves Maia (presidente), Roberto Belisário Viana (secretário) e José Issa Filho (tesoureiro).

1949

Criada, na sede do Industrial, a emissora PRV-8 Rádio Labor, que transmitia as atividades do clube, dentre elas os programas de calouros.

Inicia-se a era dos bailes da Liga Operária, Fubá e Grupo Escolar São José.

1950

2 de abril — Inaugurada a nova sede do Centro Espírita Luiz Gonzaga, na Rua São Sebastião.

27 de novembro — Morre o padre João Luiz Espeschit, segundo vigário da paróquia de Nossa Senhora da Conceição.

1952

15 de fevereiro — Ocorre a fundação da Cia. de Cimento Portland Cauê, empreendimento de Juventino Dias, apoiado por Teotônio Batista de Freitas e José Marciano Gomes Batista.

Os bailes do Fubá e do Grupo Escolar São José são consolidados como atrativo de entretenimento nas noites da cidade.

1953

8 de junho — Lançamento da pedra fundamental da Cia. de Cimento Portland Cauê. O evento contou com a presença do governador do Estado de Minas Gerais Juscelino Kubitschek de Oliveira e do prefeito Roberto Belisário Viana.
20 de julho — É inaugurado o Bar Elite, de José Gonçalves Vieira e Dimas Pires de Araújo.

1954

21 de março — Fundada a União Municipal dos Estudantes Secundários de Pedro Leopoldo (Umespl).
11 de dezembro — Inaugurada a Cooperativa Agropecuária São Sebastião.

1956

20 de janeiro — Inaugurado o Jardim da Infância Luiz de Melo Viana Sobrinho.
22 de janeiro — É fundada a Associação Rural.
15 de março — Inaugurado o Cine Marajá, luxuosa casa de espetáculos com tela cinemascope e som estereofônico, um empreendimento de Alexandre Jorge e Pedro Siqueira. A película inaugural exibida foi "O pirata sangrento" ("The crimson pirate"), com Burt Lancaster e Eva Bartok, dirigido por Robert Siodmak, uma produção da Warner, de 1952.
18 de maio — Inauguração oficial da Cia. de Cimento Portland Cauê, com a presença do presiden-

te da República Juscelino Kubitschek de Oliveira, do governador do Estado de Minas Gerais José Francisco Bias Fortes, do arcebispo metropolitano D. Antônio dos Santos Cabral, do fundador dos Diários e Emissoras Associadas Assis Chateaubriand, além de outras autoridades.

26 de maio — É inaugurada a agência da Caixa Econômica Federal. Seu primeiro gerente foi Claudovino Pereira, conhecido como "Sô Vino".

1957

20 de janeiro — É inaugurada a Capela de São Sebastião.
12 de março — É fundado o Clube Social de Pedro Leopoldo.

1958

O time do Pedro Leopoldo Futebol Clube é elevado à categoria profissional pela Federação Mineira de Futebol (FMB).

22 de abril — É instalada a agência do Instituto de Aposentadoria e Pensão dos Industriários (IAPI).
8 de agosto — Entra no ar, "ao som da lira do Xopotó", a ZYV-61 Rádio Cauê, "uma voz entre as montanhas de Minas para o Brasil". Empreendimento de Luiz Carlos Sena Jerônimo e José Ronald Viana.
18 de dezembro — Pelo Ato 1.614 do Ministério da Agricultura, o escrevente-datilógrafo Francisco de Paula Cândido Xavier — Chico Xavier — é designado a trabalhar em Uberaba, Minas Gerais.

1959

4 de janeiro — Após 49 anos vivendo e trabalhando em Pedro Leopoldo, Chico Xavier fixa residência em Uberaba, no Triângulo Mineiro.

DOS PRIMÓRDIOS

Pedro Leopoldo, à primeira vista, assemelhava-se a 'cidade-zinha qualquer', tão bem retratada pelo nosso poeta maior, Carlos Drummond de Andrade:

'Casa entre bananeiras
Mulheres entre laranjeiras
Pomar amor cantar.

Um homem vai devagar.
Um cachorro vai devagar.
Um burro vai devagar.

Devagar... as janelas olham

Eta vida besta, meu Deus.'

Mas na realidade a pequenina Pedro Leopoldo, comunidade natural, espontânea e com alto espírito de vizinhança, encantava a todos que nela se integrassem. Rica em atividades educativas, culturais e recreativas fomentava o gosto pela música, arte e literatura na vida comunitária.

O engenheiro ferroviário Pedro Leopoldo da Silveira (1850-1894), responsável pela construção da ferrovia na região da Fazenda da Cachoeira Grande, que deu origem à cidade de Pedro Leopoldo.

Inauguração da Companhia Fabril da Cachoeira Grande, em 1896. No alto, Antônio Alves Ferreira da Silva, fundador da fábrica.

João Machado, irmão de José Sérgio Machado,
José Sérgio foi encarregado geral da Companhia
Industrial de Belo Horizonte, transferido como
gerente para a unidade fabril de Pedro Leopoldo
ainda no século XIX.

Georgina Cândida Machado e José Sérgio Machado, pais de José Flaviano, o Zeca, Adélia, João, Carmen, Nair e Walter Machado.

No início do século XX, André Fureaux criou o Corpo Musical Pedro Leopoldo. A banda participava de vários eventos, alegrando a vida dos habitantes do distrito.

Arthur e Francisca Joviano.

1910 - 1920

"Fisicamente falando, compreendia (e assim permanece) duas partes distintas, separadas pelo Ribeirão da Mata e uma ponte ligando-as: uma, a cidade propriamente dita, com meia dúzia de ruas apenas; a outra, a área da Fábrica de Tecidos Cachoeira Grande. Ambas possuíam ruas batizadas pela 'boca do povo' por nomes curiosíssimos: Rua do Quebra-Nariz (onde nasceu e viveu muitos anos o maior médium de todos os tempos, Chico Xavier), Rua Cai N'água (morria no ribeirão, onde existia o matadouro local), Rua da Cadeia (com a prisão e a única padaria local), Rua do Mata Burro (dava acesso à cidade e nela existia a única 'casa suspeita'), do outro lado da fábrica o Quadro, amplo retângulo gramado, limitado de um lado pelo próprio prédio da fábrica, e dos outros lados por um correr de casas operárias; a Rua do Pasto, que dava acesso a um outro grupo de casas operárias, e o Caminho do Céu, estreito, íngreme, difícil, com início num largo (onde se situava a casa do Sr. Antoniquinho Barbosa Mello e em frente desta a nossa, a mais antiga da cidade), terminando numa elevação, no Céu, para dar acesso a um bloco de casas geminadas, de operários. Todas elas sem calçamento. E a mais movimentada, a Rua Comendador Antônio Alves, em época de frio e seca era um denso tapete de pó, de empoeirar a alma; em época de chuva, lama a ponto de chafurdar-se nela até os joelhos se o pé de alguém não lograsse alcançar uma das pedras providencialmente salpicadas no lamaçal pelo previdente Sr. Teotônio Batista. Em compensação, bem plantada no eixo dessa rua e da Rua Dr. Herbster estava a linha de bonde à tração animal, propriedade da fábrica. Conduzido pelo legendário Argemiro e puxado por parelha de mulas (Mulata e Morena), sendo João Brechó o cobrador, o bonde fazia, em média, duas viagens diárias, entre o escritório da fábrica e a estação ferroviária. No trajeto de ida e volta, a população dele se utilizava."

Casa onde Chico Xavier nasceu, em 1910.

Casa Issa — Fundada em 1910 e ainda em atividade.

Em 8 de dezembro de 1912, foi fundada a Corporação Musical Cachoeira Grande, por operários e diretores da Cia. Fabril Cachoeira Grande. O primeiro presidente foi José Nicolau da Silva Lopes, sendo o primeiro maestro Cândido Moreira. De 1920 a 1942 assumiu o cargo de maestro José Flaviano Machado e de 1942 a 1962, Mário Pereira da Luz. Da esquerda para a direita: Vital Tarabal, José de Vevelha, Nico Moreira, José Flaviano Machado, José Moreira, Urbino Joaquim de Souza e Raimundo Joaquim de Souza. Assentados, da esquerda para a direita: Quincas de Almeida, Mário Candu, Pedro Hilário Rodrigues, Cândido Moreira e Dudu de Candu.

José Nicolau da Silva Lopes, primeiro presidente da Corporação Musical Cachoeira Grande.

Cândido Moreira, o Seu Candu, maestro de 1912 a 1920.

José Flaviano Machado, o Zeca Machado, maestro de 1920 a 1942.

Mário Pereira da Luz, o Mestre Mário, maestro de 1942 a 1962.

1917 — Fazenda Manoel Carlos. Pertenceu a José de Souza Viana e Teotônio Batista de Freitas.

1918 — Fundação da Granja Pastoril Riachuelo — Fazenda Modelo.

Capela de Nossa Senhora da Conceição.

1921 - 1930

"O cotidiano, pontificado por divertimentos vários, enriquecia de alegria, vibração, entusiasmo, dinamismo as nossas vidas. (...)

Num ambiente onde eram todos iguais, independentemente de raça, cor, posição social e econômica. (...)

Sempre aproveitávamos as bonitas tardes para passeios a pé ao sítio do Sr. Agenor Teixeira, no Campinho, onde ali voltávamos certas noites para rezar o terço na Capelinha (...) Nessas ocasiões, passávamos, cheios de medo, junto ao cruzeiro, onde foram enterradas as vítimas do mal de 'bexiga'... ou ao sítio do Sr. Manoel Carlos, atravessando grande e majestosa floresta de eucaliptos; ou então os passeios ao açude, percorrendo o caminho de acesso, ladeado por um rego de água tranquila de um lado, e de outro o ribeirão de águas volumosas e revoltas, descendo por entre pedras em forte correnteza, para se transformar, mais à frente, em grande e bela cachoeira. **"**

Rua São Sebastião.

Rua Dr. Herbster no início dos anos 20 — Aqui veem-se alegres grupos de pessoas em animada conversa, os trilhos do bonde que era conduzido por Argemiro Nascimento e João Belchior, o intenso comércio, a Farmácia Belisário e os estabelecimentos de Amando Belisário Filho, Salomão Jorge, Moisés Elian, Hibraim Sinval Filogônio e Jorge Daher, o grande parque, com muito verde e a quadra de tênis, onde a sociedade se divertia. Nesse local, mais tarde foram construídos o Grupo Escolar São José e o Moinho Campestre. Ao fundo, o Cine Teatro Otoni, que apresentava espetáculos memoráveis. O majestoso conjunto arquitetônico foi quase todo demolido. A rua recebeu seu nome em homenagem a Adolfo Herbster, engenheiro da Estrada de Ferro Central do Brasil e autor do projeto das primeiras ruas do distrito.

Fábrica de Tecidos.

Casa comercial de Amando Belisário Filho. Situava-se na Rua Dr. Herbster com Rua Dr. Zacarias, hoje Rua Dr. Rocha.

Casas dos operários da Fábrica de Tecidos. O conjunto fica na Rua da Saúde e foi construído nos anos 20.

Companhia Fabril Cachoeira Grande, o primeiro emprego de Chico Xavier, de 1921 a 1925, graças ao empenho do padre Sebastião Scarzello.

João Machado Sobrinho.

Nair Machado Paschoal.

Walter Machado.

Maria Alzira Bahia Machado, Dona Zilica, com os filhos.

Professora Guida Viana.

Alunos do Grupo Escolar de Pedro Leopoldo, em 1920. Destaque para a professora Rosária Laranjeira e para a irmã de Chico Xavier, Maria da Conceição Xavier (Tiquinha).

Casa dos mestres de linha da Estrada de Ferro Central do Brasil — construção dos anos 20.

Praça Dr. Senra e Rua Ferreira Mello, em 1923.

Grupo Escolar de Pedro Leopoldo, onde Chico Xavier estudou de 1919 a 1923.

Emancipação do município de Pedro Leopoldo, em 27 de janeiro de 1924.

Maurício de Azevedo discursando no dia 27 de janeiro de 1924, quando a cidade foi emancipada de Santa Luzia do Rio das Velhas.

União Orquestra — Criada por José Flaviano Machado, tocou nas festividades de emancipação da cidade em 27 de janeiro de 1924. De pé, da esquerda para a direita: Mário Candu, Nico Pedreiro e Pedro Hilário Rodrigues. Assentados, da esquerda para a direita: Antônio Drumond, Raimundo Joaquim de Souza e Quincas de Almeida.

Chico Xavier na juventude.

Romero Carvalho, primeiro agente administrativo e presidente da Câmara Municipal de 1924 a 1927.

Joaquim Tavares de Souza operando a impressora de sua tipografia, a Tipografia Tavares, fundada em 1924, em atividade até os dias atuais.

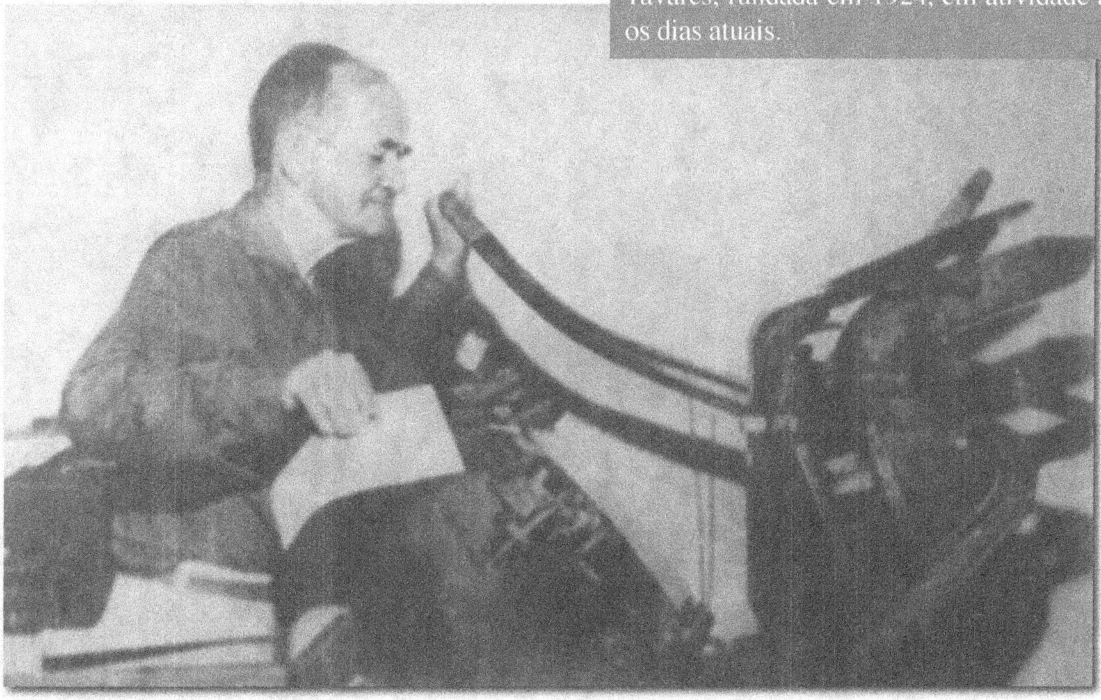

Antiga sede da Prefeitura Municipal, na Rua Dr. Herbster. Funcionou de 1924 a 1980.

Padre José Augusto Ribeiro Bastos, o primeiro vigário da paróquia de Nossa Senhora da Conceição, instalada a 3 de fevereiro de 1929.

Interior da antiga Capela de Nossa Senhora da Conceição.

A Casa Paroquial de Pedro Leopoldo foi concluída em abril de 1930. A paróquia foi criada em 20 de janeiro de 1929 e seu primeiro vigário foi o padre José Augusto Ribeiro Bastos, empossado em 3 de fevereiro de 1929.

Sebastião Scarzello, engenheiro, músico, presidente e técnico do Faroeste Futebol Clube, em 1924. Na foto com Abdon Martins Drumond, Manuel Buzingo, Raimundo (Mundinho), Angelo Dias de Carvalho, Raimundo C. Calete, Ataíde Pinheiro, Ezaú Martins, Alcindo Gonçalves Cota, Waldemar Pezzini, João Chulampa e Osmar Alves.

Casa de máquinas da Usina de Força da Fábrica de Tecidos. Patrimônio tombado em 1999.

Interior da casa de máquinas da Usina de Força.

Chico Xavier aos 15 anos.

O casal Perácio — Carmen e José Hermínio — com a filha Ruth.

Local onde residiu o casal Perácio, no qual Chico Xavier recebeu as primeiras orientações sobre a sua mediunidade.

Primeira sede do Centro Espírita Luiz Gonzaga.

Residência do casal José Xavier e Geni Pena. A terceira e quinta sedes do Centro Espírita Luiz Gonzaga.

A primeira assentada, da direita para a esquerda, é Joaninha Gomes de Paula, companheira de orações de Chico Xavier no Açude do Capão e no Centro Espírita Luiz Gonzaga.

Alguns integrantes da família Xavier em 1929, entre elas Cidália Batista Xavier, a segunda mãe de Chico Xavier. Adultos, da esquerda para a direita: Nelson Pena (cunhado), Carmozina Xavier Pena (irmã), Chico Xavier, João Cândido Xavier (pai), no colo João Cândido Filho (irmão), Cidália Batista Xavier (madrasta), no colo Doralice Xavier (irmã), Geralda Xavier (irmã), Jacy Pena (cunhado), Maria da Conceição Xavier Pena (irmã). Crianças, da esquerda para a direita: Neuza Xavier (irmã), Mauro Pena (sobrinho, filho de Nelson e Carmozina), Dorita (ajudante da casa da família Xavier, no colo criança não identificada), Nelma Pena (sobrinha, filha de Nelson e Carmozina), Lucília Xavier (irmã), Cidália Xavier (irmã), André Luiz Xavier (irmão).

1931 - 1940

" Quando fecho os olhos e busco, nos recônditos da mente, as imagens inesquecíveis da minha infância, lá está Pedro Leopoldo, e sinto que raízes profundas se prendem a essa cidade, como se dela viesse a seiva salutar essencial à minha vida corpórea e espiritual. (...)

Com os sentidos atentos, despertos para essa cidade, vejo projetados na tela da minha visão mental imagens, cenas, ambientes do passado tão nítidos, tão vivos, tão emocionantes como se eu os estivesse vivendo agora...

O apito forte e rouco da fábrica espantando a madrugada e alertando a gente laboriosa e amiga para o início de mais um dia de trabalho profícuo e honesto — instantes depois, o ruído cadenciado, ritmado dos teares se faz ouvir; nas manhãs de junho, frio intenso, a vegetação coberta por um manto de cristais branco, a neblina escondendo a paisagem em derredor, e um garoto caminhando pelas ruas da cidade em direção ao Grupo Escolar São José para receber os primeiros ensinamentos; nas tardes quentes de verão, a nostalgia agressiva, inquietante do canto das cigarras alojadas nos imponentes carvalhos defronte de casa; nas pastagens em torno, o bem-te-vi e o fogo-apagou dando o seu sonoro recado; o triste lamento do carro de boi, vindo pachorrentamente na estrada distante; trovões e relâmpagos trombeteando a chegada de chuvas ininterruptas a escamotear o sol do nosso convívio por meses a fio, sem permitir, um instante sequer, que ele mostrasse seu flamejante disco dourado no firmamento; pausadas badaladas do sino da fábrica, marcando, dia e noite, as horas certas do tempo, que se esvai inexoravelmente; a luminosidade intensa das noites lindas de luar, prateando a paisagem urbana local; o suave alarido das andorinhas enfileirando-se sobre fios, ou tesourando, em rápidos golpes acrobáticos, o espaço defronte da varanda envidraçada de nossa casa; o rico colorido dos canteiros de variadas flores do nosso jardim e, em segundo plano, verdes hortaliças de extensa horta, mesclada por árvores frutíferas do grande pomar do nosso quintal; o lindo céu azul das manhãs primaveris; o vento frio e fustigante dos meses de julho e agosto; a temerosa expectativa provocada pelo espetáculo grandioso de uma tempestade prestes a se desencadear; a brisa morna amenizando as tardes escaldantes de verão; o ar puro e saudável das manhãs plenas de vida e de luz; o sol se despedindo em poentes de inesquecível beleza; a sonoridade canora de pássaros vinda da verde arvorização envolvente; o surdo rumor da bela cachoeira, em frente à ponte que liga as duas partes da cidade; o coração batendo mais forte ao ouvir o apito agressivo do ruidoso 'noturno', que afugentava o silêncio da madrugada. **"**

O jovem Chico Xavier.

Açude do Capão — Construído na década de 20, a fim de canalizar as águas do Ribeirão da Mata para girar as turbinas da Usina de Força, por muitos anos o açude, através da Usina, forneceu energia elétrica para a Fábrica de Tecidos e a cidade. O açude era um lugar aprazível, com muito verde, pássaros e águas cristalinas. Local preferido da sociedade para passeios e pescarias. Para chegar ao açude haviam dois roteiros. Um era às margens da via férrea, passando pelo conjunto arquitetônico da estação, residências de funcionários e Hospital São João Batista. Outro acesso era pela Fábrica de Tecidos, passando pelo portão principal, a sede do Industrial e o Núcleo Operário, com suas casas alinhadas formando o inesquecível Quadro. Aí então chegava-se ao topo, de onde se descortinava uma deslumbrante vista da cidade. Seguindo as margens do canal, viam-se as árvores onde casais apaixonados deixavam suas marcas gravadas em corações entrelaçados ou declarações de amor. Foi num desses passeios que, em junho de 1931, o jovem Chico Xavier teve a sua primeira visão do espírito Emmanuel. Era o início de uma caminhada de amor e renúncia, através dos livros, mensagens psicografadas e obras assistenciais. Nesta fotografia, da esquerda para a direita: Juquinha Domingues, Jorge Issa, Orlando Melo Belisário e Antônio Esteves.

Rua Comendador Antônio Alves — No quarteirão entre as ruas São Sebastião e 27 de Janeiro, hoje rua Dr. Roberto Belisário Viana, a cidade viveu, nas décadas de 40, 50 e 60, seus dias de glória e euforia. Um comércio ativo, cinema, colégio e o inesquecível *footing*, que tinha seu destaque nas noites de quintas-feiras, sábados, domingos e dias festivos. Começando pelo lado esquerdo da fotografia, destacam-se o Banco Industrial de Minas Gerais, a Casa Issa, de Salim e Jorge Issa, uma das mais antigas da cidade, fundada em 1910 e até hoje em pleno funcionamento na Rua Dr. Herbster. Na sequência, estavam a casa de Ary Bahia, Bar do Ponto, de Geraldo Honório dos Santos, parada obrigatória dos ônibus. Mais à frente, o Colégio Imaculada Conceição, instalado numa casa cedida graciosamente por Joaquim Bahia. Do lado direito, começava com o Bar e Restaurante São José, de Juca Izaías, e o Bar Califórnia, dos irmãos Gonçalves. A seguir, a Carpintaria Nassif, de Elias e Ninico Nassif. Adiante, a Alfaiataria Barbosa e a farmácia de Cid Vieira Lana. Ao lado, o inesquecível Cine Central, dos irmãos Trópia, o Bar Elite e o Posto Líder, fundado por Filomeno Pereira, conhecido por Ló Padeiro, e Geraldo Honório dos Santos.

Rua Ferreira e Mello, atual Rua Comendador Antônio Alves.

Calçamento da Rua Comendador Antônio Alves.

Rua Dr. Herbster — Por muitos anos, foi o centro administrativo, cultural e comercial de Pedro Leopoldo. De 1924 a 1980, funcionou nessa rua a Prefeitura e a Câmara Municipal e, a partir de 1944, o Fórum. O tradicional Banco de Crédito Real instalou sua agência em 1942. Ali também estavam a Farmácia de Parruda, o Armazém Dimas Pereira, o Grupo Escolar São José, a Casa Nova de Nagib Issa, a Sapataria de Bolu, o comércio de Antônio Daher e Alexandre Jorge, e o Bar do Pedroca. Na Radiolândia, de Antônio Rafael, Chico Xavier, seu irmão André e Nelson Sbampato costumavam passar horas agradáveis, ouvindo a boa música, através das radiolas Philips, da saudosa ZYV-61 Rádio Cauê, de Luiz Carlos e José Ronald Viana, que marcou época na cultura pedroleopoldense. Em março de 1956, a Rua Dr. Herbster ganhou o Cine Marajá, um brilhante empreendimento de Alexandre Jorge e Pedro Siqueira. Era uma casa de espetáculos comparável aos cinemas de Belo Horizonte, inclusive com estrutura para teatro. Nesta foto, à esquerda, veem-se as casas de Wilson Resende, Euclides Franco Filho, Teodoro Viana, o Moinho Campestre e a Farmácia de Parruda.

Praça Dr. Senra.

Obra de calçamento na Praça Dr. Senra.

Moinho Campestre nos anos 30. Foi a segunda grande indústria de Pedro Leopoldo. Empreendimento de João Evangelista da Silva.

Alpha de Azevedo Caldas.

Georgina Cândida Machado acompanhada da filha Adélia Machado de Figueiredo. Adélia, muito amiga de Chico Xavier, recebeu, pela psicografia do médium, mensagens do filho Willian, desencarnado precocemente, e que foram reunidas no livro "Bastão de Arrimo", uma publicação da União Espírita Mineira em 1984, com segunda edição em 2011. O livro contém, ainda, mensagens espirituais de Adélia e de sua mãe, D. Georgina.

Chico Xavier com 20 anos.

Maria Cândida Xavier, a Bita, irmã de Chico Xavier.

Chico Xavier com a sobrinha Lúcia, à sua esquerda, e as irmãs Lucília, logo à sua direita, e Doralice, e sobrinhos.

José Cândido Xavier, irmão e colaborador de Chico Xavier.

Chico Xavier com Manoel Quintão (à sua esquerda) e José Cândido Xavier (de branco), seu irmão e colaborador.

Chico Xavier com Manoel Quintão (à sua direita).

Chico Xavier com um casal amigo de Belo Horizonte.

Chico Xavier com amigos de Belo Horizonte.

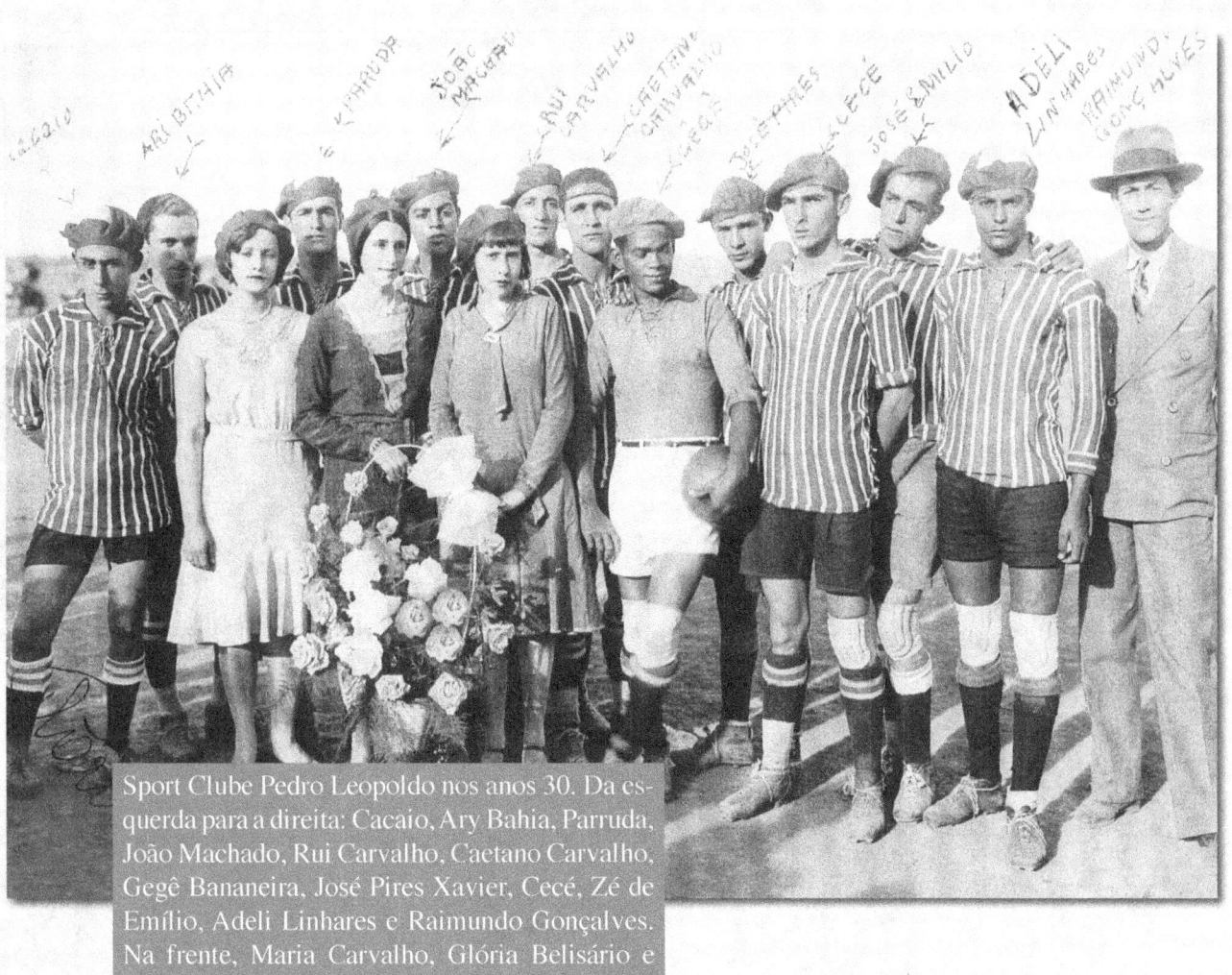

Sport Clube Pedro Leopoldo nos anos 30. Da esquerda para a direita: Cacaio, Ary Bahia, Parruda, João Machado, Rui Carvalho, Caetano Carvalho, Gegê Bananeira, José Pires Xavier, Cecé, Zé de Emílio, Adeli Linhares e Raimundo Gonçalves. Na frente, Maria Carvalho, Glória Belisário e Adília Mello.

Jockey Clube Leopoldense, criado em 1925 por Maurício de Azevedo, Teodoro Viana, Rômulo Joviano, Thomaz Heath Dalton, William Fraise, Walfrido Bernardes, José Belizário Viana, Antônio Alves Barbosa Mello e Christiano Ottoni Gonçalves Ferreira. Funcionou até fins dos anos 30.

Fachada do Cine Teatro Otoni, nos anos 30. Ficava defronte à Rua Dr. Herbster.

Casa de José Marciano Gomes Batista, construída em 1918 e demolida em 1999.

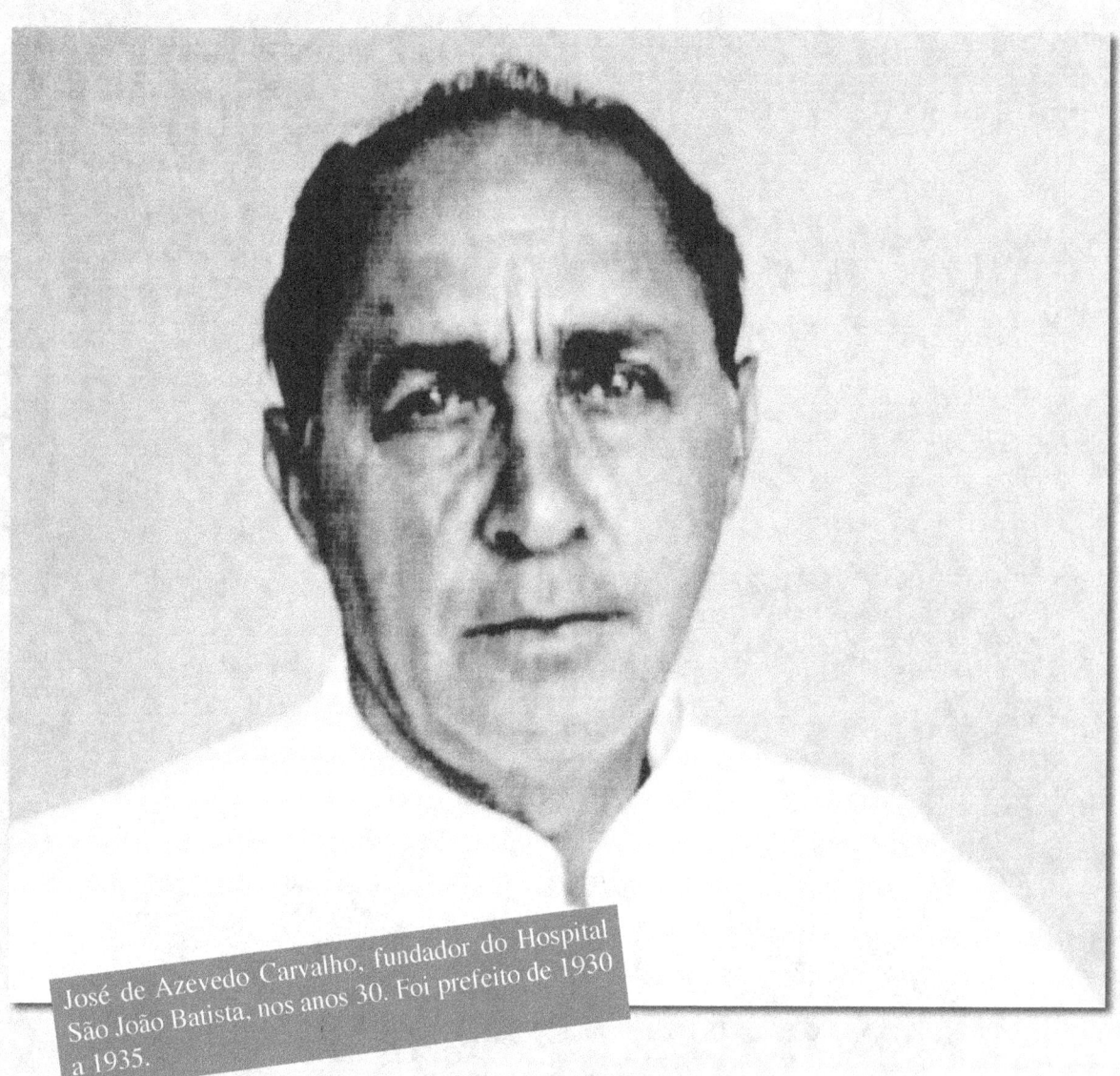

José de Azevedo Carvalho, fundador do Hospital São João Batista, nos anos 30. Foi prefeito de 1930 a 1935.

Construção do Hospital São João Batista no início dos anos 30.

Leiteria de Caetano de Azevedo Carvalho.

Vista parcial das casas do Quadro da Fábrica de Tecidos e alguns de seus moradores nos anos 30.

General Aurélio, sogro de Rômulo Joviano, na companhia dos netos Wanda e Roberto Joviano, na Fazenda Modelo. O cãozinho é o Fly.

Chico Xavier e um grupo de colegas em frente ao local onde trabalhava na Fazenda Modelo.

Região do Açude do Capão — Nesse local, em junho de 1931, Chico Xavier teve a primeira visão do espírito Emmanuel.

Rua Comendador Antônio Alves, em 1934.

Adro da Capela após a missa dominical, em 1934.

Chico Xavier caminhando com o pai, João Cândido Xavier.

Açude do Capão, em 1934.

Casa comercial de Amando Belisário Filho, em 1934. Ficava na esquina das ruas Dr. Herbster e Dr. Zacarias, hoje Rua Dr. Rocha.

Portão da Fazenda Modelo, em 1934.

Rua Dr. Neiva, onde foi instalada a quarta sede do Centro Espírita Luiz Gonzaga.

Dos anos 20 aos anos 30, Chico Xavier trabalhou no Bar Elite, de Claudovino Rocha, e na "venda" de José Felizardo Sobrinho. Na foto de 1935, Clementino de Alencar, Chico e José Felizardo Sobrinho.

Interior do Cine Teatro Otoni, em 1935.

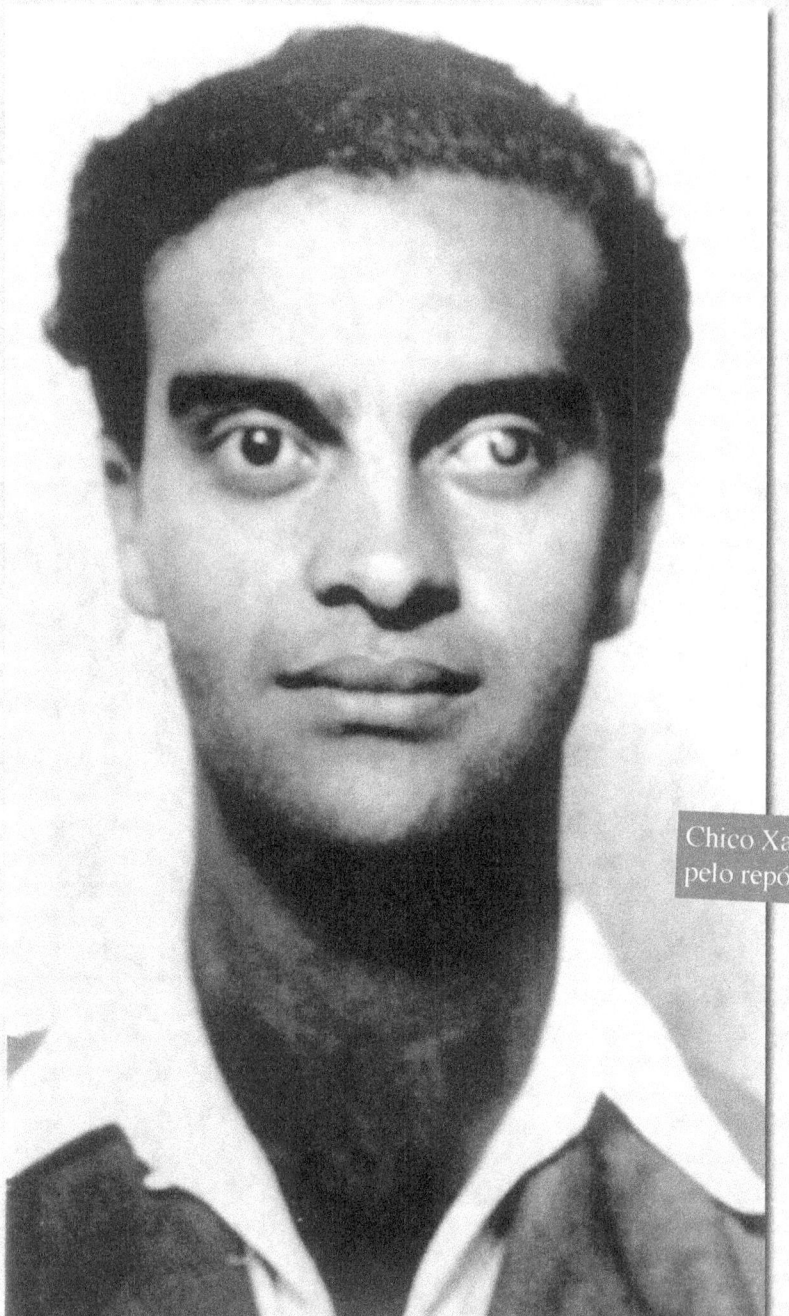

Chico Xavier, em 1935, numa fotografia feita pelo repórter Clementino de Alencar.

Chico Xavier e seu irmão José Cândido Xavier, com o repórter Clementino de Alencar.

Quarta sede do Centro Espírita Luiz Gonzaga, na Rua Dr. Neiva, em 1935. Na foto se encontram os Srs. César Julião de Sales, Aníbal Belisário, Maurício de Azevedo, Teodoro Viana, Romero Carvalho Filho, Maurício de Azevedo Carvalho, Gerson Barbosa Chaves, Fausto Joviano, Agripino de Paula, Chico Xavier, José Cândido Xavier, Anísio Fróes, José Viana Braga, Joaquim Antônio Costa, Leopoldo Mello, Francisco Teixeira, José Macedo, Geraldo Bhering, José Antônio Vieira e o repórter Clementino de Alencar.

Jockey Clube Leopoldense, em 1935.

22 de setembro de 1935 — Arquibancada do Jockey Clube Leopoldense.

Jockey Clube Leopoldense, em 1935.

Jockey Clube Leopoldense, numa fotografia de 1935. Da esquerda para a direita: Marta Belisário, Maria Julieta e Didi.

Christiano Ottoni Gonçalves Ferreira, médico do Hospital São João Batista. Foi prefeito de 1935 a 1947.

Christiano Ottoni Gonçalves Ferreira votando na eleição de 1935, quando foi eleito prefeito.

Chico Xavier nos anos 30.

Vista parcial, em 1936. Em primeiro plano, trecho da Rua Comendador Antônio Alves.

1936 — Trem de passageiros chegando do Norte de Minas.

Chico Xavier com Paulo Noronha, D. Georgina Cândida Machado e Zeca Machado.

Aero Clube de Pedro Leopoldo — Da esquerda para a direita: Anita Castilho, Lourdes Belisário, Helena Viana, Glória Belisário e Naé Fonseca.

Instalação do primeiro telefone de Pedro Leopoldo, em 1936. A fotografia foi feita na casa do então prefeito Christiano Ottoni Gonçalves Ferreira.

Wanda e Roberto Joviano, filhos de Rômulo Joviano, na porteira de entrada da Fazenda Modelo.

Carlos Oswaldo, sobrinho de Maria e Rômulo Joviano, na Fazenda Modelo, em 1937.

Vista parcial do lado norte, em 1939.

Vista parcial, em 1939. Em primeiro plano, o Hospital São João Batista.

PEDRO LEOPOLDO
Minas

Rua Dr. Herbster — Centro administrativo, comercial e cultural.

Rua Comendador Antônio Alves, em 1939.

Rua Comendador Antônio Alves, em 1939.

Pedro Leopoldo — Vista parcial do lado norte, em 1939.

Pedro Leopoldo — Vista parcial do lado sul, em 1939.

Rua Comendador Antônio Alves, em 1939.

Rua Comendador Antônio Alves, no final dos anos 30.

Campo do Industrial, em 1939 — Palco de grandes espetáculos de futebol e voleibol.

Fazenda Modelo, em 1939 — Vista do estábulo e da cavalariça.

Fazenda Modelo, em 1939.

Fausto Joviano com a esposa Jandira e a primogênita Francisca Marta, em 14 de junho de 1939.

Chico Xavier entre familiares e amigos, em 1939. Entre eles, José Cândido de Andrade, o Juca Andrade. Na foto, de pé, é o terceiro da esquerda para a direita.

Christiano Ottoni, em 1940. Em 1937, colocou no ar a PY4-B1, a primeira emissora de radioamador de Pedro Leopoldo.

Hospital São João Batista nos anos 40.

Campo de pouso na Fazenda Modelo, construído por José Belisário Viana na Revolução de 30.

Fábrica de Tecidos.

Máquina de escrever Underwood, instrumento de trabalho de Chico Xavier na Fazenda Modelo, a partir de 1935.

1941 - 1950

Marcaram época também os nossos passeios a cavalo, em grupo de quinze a vinte pessoas montadas, com destino a um lugar de cada vez: Fazenda de Pedroca, Fazenda da Jaguara, Fazenda Modelo, Gruta da Lapinha, Dr. Lund, Matozinhos, Cochos (local das jaboticabas mais deliciosas do mundo)...

Nunca me esqueci de um hábito curioso da época: os pares proseando, nos intervalos de dança, enquanto caminhavam em círculo, à espera da próxima música.

(...) Na época de Natal, o acontecimento mais importante era a visitação aos presépios de várias casas operárias... Fazíamos em grupo, formado por moças, rapazes, velhas, velhos, crianças, músicos tirando rezas, entoando canções natalinas, como a tradicional 'Já Nasceu o Menino Deus'...

Do lado da cidade, não eram menores as atrações e entretenimentos (...): as festividades religiosas, durante o Mês de Maria — igreja feericamente iluminada, repleta de fiéis, anjinhos cantando junto à imagem de Virgem Maria, a fim de coroá-la... O que mais me emocionava, após a cerimônia de coroação, era ouvir o coro da igreja (nas vozes de Zilica, Nenen e Auxiliadora Bahia, Glória Belisário, Guida, Jandirinha e outras, acompanhadas pelo mano Zeca ao harmônio) entoando 'Magnificat', em grande final, enquanto lá fora foguetes espocavam, banda de música tocava, anunciando a festa das barraquinhas, organizada pelos festeiros no amplo adro da igreja... **"**

Chico Xavier nos anos 40.

Residência de Maria Luíza Xavier e Lindolfo José Ferreira, onde Chico Xavier residiu por um período, à Rua Comendador Antônio Alves.

Fotografia dos anos 40, feita do alto, onde está hoje o bairro Santo Antônio.

Inauguração da agência do Banco Industrial de Minas Gerais.

Alunos do Grupo Escolar São José, com as mestras Isabel Gomes Teixeira, Clita Batista e Carmem Barroso.

Casas do Quadro da Fábrica de Tecidos.

Equipe de vôlei do Industrial nos anos 40. Da esquerda para a direita: Elci, Nenem Veiga, Zilda Amorim, Helena Ferreira, não identificada, Perolina Matos, Izolma Santos e Maria da Luz.

Corporação Musical Cachoeira Grande nos anos 40. Da esquerda para a direita: Fonseca, José Xavier, José Pires, José João Urbino, Joaquim de Souza, Zé Boi, Antônio Barbosa Chaves, Alípio Lúcio, Antônio Hilário Rodrigues, Mário Pereira, José Tibúrcio, José Valdomiro, não identificado, Gercino Rodrigues.

Residência de Chico Xavier por 30 anos, aproximadamente. A antiga casa passou por uma reforma no início dos anos 40.

João Cândido Xavier, pai de Chico Xavier.

Carmozina Xavier Pena, a Zina, irmã de Chico Xavier, aos 44 anos de idade.

A década de 40 foi muito proveitosa para a cultura musical de Pedro Leopoldo, com José de Souza Carrusca na direção da União Musical, Juvenil Vicente de Souza com o conjunto regional Sete e Meio e os irmãos Pedrilho e Dadá incrementando o Quinteto de Prata. Foi nesse clima de musicalidade que o mestre trompetista Carlos Albano Rocha — o Quileia — fundou o Infernal Jaz Leopoldense, uma banda alegre e descontraída que repletava de boa música os salões de festa da cidade, principalmente nos bailes da Liga Operária e os carnavais do Fubá. Nesta fotografia de 1948, o Infernal Jaz posa para a posteridade na escadaria da Liga Operária. Os músicos identificados são: Quileia, Sebastião Batista, Pedro Valeta, Maurício de Ornela, Pedro Capa-rato, Moacir Moreira, Natalino Izidoro e Zé Prego. Também faziam parte Fernando Gonçalves, com a sua tuba, Eliezer Mendes, com seu banjo, e os cantores Helena Albano e João Gordola.

José Hermínio Perácio.

Chico Xavier no Centro Espírita Luiz Gonzaga.

Chico Xavier no Centro Espírita Luiz Gonzaga.

Residência da família Joviano na Fazenda Modelo, por mais de 15 anos. Local em que Chico Xavier psicografou grandes obras, dentre elas "Paulo e Estêvão". As duas janelas, à esquerda, faziam parte do então escritório de Rômulo, onde, às quartas-feiras, à noite, realizava-se o culto doméstico do Evangelho, sempre com a presença de Chico Xavier.

Refeitório da Fazenda Modelo,

Claustro da Fazenda Modelo, hoje Escola Estadual Dr. Pedro Leopoldo.

Entrada do estábulo da Fazenda Modelo.

Wanda e Roberto Joviano com os avós maternos, General Aurélio e Júlia Amorim.

Ricardo e Ângela Maria, sobrinhos do casal Maria e Rômulo Joviano, na Fazenda Modelo.

O casal Amorim, pais de Maria Joviano, na companhia do genro Rômulo e da neta Wanda, nos jardins da Fazenda Modelo.

Da direita para a esquerda, sentados: Júlia e Aurélio de Amorim e Maria Joviano. De pé: Rômulo Joviano, Chico Xavier e Wanda.

Roberto Joviano na Fazenda Modelo, montando "Derby", magnífico exemplar da raça Manga Larga Marchador.

Wanda Joviano na Fazenda Modelo, montando o cavalo "Vespasiano", exemplar da raça Árabe.

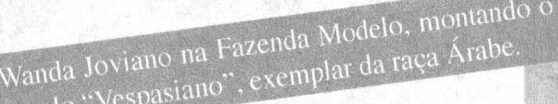

Criação de ovinos da Fazenda Modelo.

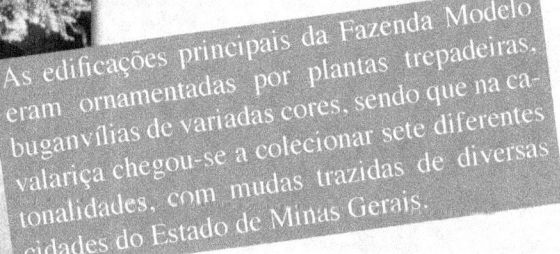

As edificações principais da Fazenda Modelo eram ornamentadas por plantas trepadeiras, buganvílias de variadas cores, sendo que na cavalariça chegou-se a colecionar sete diferentes tonalidades, com mudas trazidas de diversas cidades do Estado de Minas Gerais.

Criação de bovinos da Fazenda Modelo. Vacas de raça leiteira, saindo do estábulo, após a ordenha.

Da direita para a esquerda, sentados: Maria, Rômulo e Wanda Amorim Joviano. De pé: Chico Xavier. Fotografia feita nos jardins da Fazenda Modelo. O cãozinho é o Fly, de estimação da família Joviano.

Chico Xavier na Fazenda Modelo com o palestrante espírita Newton Boechat.

José Flaviano Machado, o Zeca Machado.

Chico Xavier caminhando com amigos.

Chico Xavier com Jacks Aboab.

Jacks Aboab com André Luiz Xavier.

Chico Xavier com amigos.

Cachoeira Grande, em 1942.

Equipe do Industrial Esporte Clube, numa fotografia de 1942. De pé, da esquerda para a direita: Juvenil, João Boia, Elói, Chico Félix, Onofre, Silveira, Nero, não identificado. Agachados, da esquerda para a direita: Toninho, Zé Pires, Zito, Barnabé, João Barbosa, Nô, Cavalinho, Diquinho Perdigão, Afonso Barbosa e Josafá de Paula Cota.

Construção da Matriz de Nossa Senhora da Conceição, em 1942.

Rua São Sebastião, em 1942.

Troupe Fon-Fon, criada por Antônio Barbosa Chaves e José Martins Filho, em fotografia de 19 de março de 1943. Da esquerda para a direita: Raimundo Nonato, João Raimundo Gonçalves, Vicente Canuto, João Teso, Edeltrudes Domingos de Andrade, José da Luz Soares, Otávio Lima, José Martins Filho, Antônio Barbosa Chaves, Paulo Melo, Zinha Aires, Neusa Diniz e Cecília Viegas.

Equipe do Pedro Leopoldo Futebol Clube, em 1943. De pé, da esquerda para a direita: Bolota, Djalma, Afonso, Jésus, Lafaiete, Dinoite e Dimas Pereira. Agachados, da esquerda para a direita: Gabrich, Pacote, Alcindo de Oliveira, Dedê e Maurício de Ornela.

Expressão cansada de Chico Xavier, em 1944, devido a constantes perseguições. Entre elas, da família de Humberto de Campos e dos repórteres David Nasser e Jean Manzon, da Revista "O Cruzeiro".

Chico Xavier entre Jacks Aboab e Clóvis Tavares, em 1944.

Chico Xavier entre Arnaldo Rocha (à direita) e Clóvis Tavares, na casa de Lucília Xavier.

Chico Xavier caminhando com Arnaldo Rocha. De branco, André Luiz Xavier.

Companhia de teatro de Tereza Barbosa em 1944, na Escola Estadual São José.

1944 — Dr. Christiano Ottoni, prefeito de Pedro Leopoldo. À sua direita, Dr. Walter Machado, juiz de Direito da Comarca de Pedro Leopoldo.

1945 — Guindaste sobre trilhos da Estrada de Ferro Central do Brasil. Era utilizado para levantar blocos de mármore e colocá-los nas pranchas.

Vista parcial, em 1945.

Passagem do trem, em 1945.

Em 21 de janeiro de 1947, com o filme "Um lírio na cruz", foi inaugurado o Cine Teatro Central, de Salvador Trópia e irmãos. O cinema, além de filmes memoráveis, apresentava shows e peças teatrais com artistas locais. Em sua tela, foram exibidos os grandes musicais da Metro, as superproduções da Fox, Warner, Columbia, R.K.O, Paramount, Universal, os clássicos ingleses de J. Arthur Rank, os seriados da Republic e as antológicas chanchadas da Atlântida.

Vista parcial, em 1947.

Vista parcial, em 1947.

Artistas da PRV-8 Rádio Labor, em 1948. Da esquerda para a direita: Toninho, José Xavier de Deus e Waldemar Silva, o Pachequinho.

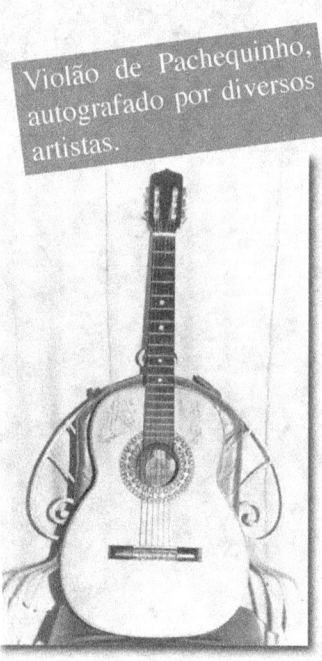

Violão de Pachequinho, autografado por diversos artistas.

Posto do Centro Brasileiro de Aprendizagem Rural (CBAR), instituído na Fazenda Modelo em 1948 para a capacitação de jovens.

Colégio Imaculada Conceição, fundado em 8 de agosto de 1948.

Primeiro poço artesiano perfurado em Pedro Leopoldo, na administração do prefeito Roberto Belisário Viana. Ficava ao lado da Maternidade (fotografia de 1948).

Maria e Rômulo Joviano, em 27 de dezembro de 1948, quando fizeram Bodas de Prata.

Nova e atual construção da Igreja Nossa Senhora da Conceição, edificação concluída na década de 40.

Padre Sinfrônio Torres de Freitas. Foi vigário da paróquia de Nossa Senhora da Conceição em dois períodos: de 6 de abril de 1942 a 9 de abril de 1947 e de 25 de janeiro de 1949 a 11 de agosto de 1988.

"Garotas do Barulho" no carnaval de 1949.

Pedro Leopoldo Futebol Clube, em 1949. Foi Chico Xavier quem lavrou a ata de sua fundação, em 23 de setembro de 1933. Da esquerda para a direita: Gabrich, Alípio, Newton, Dedê e Valdir. Agachados, da esquerda para a direita: Miúdo, Ciroca, Lafaiete, Bolota, Dinoite e Antônio de Oliveira.

Posto Líder, de Filomeno Pereira e Geraldo Honório dos Santos, em 1949.

Conjunto Quinteto de Prata, em 1949. Da esquerda para a direita: Lalado, Osvaldo, Pedrilho, Dadá e Dedê.

Vista da Rua Comendador Antônio Alves, em 1949.

Vista parcial, em 1949.

O casal Júlia e Aurélio de Amorim, na Fazenda Modelo, em suas Bodas de Ouro, em 28 de outubro de 1949. Da esquerda para a direita: Roberto, Clóvis Alberto, Ângela Maria, Wanda e Carlos Oswaldo. Sentados: Oswaldo Mário, Clóvis Augusto, Clóvis Filho e Ricardo.

Enchente do Ribeirão da Mata, em 1949.

1951 - 1959

"Os espetáculos circenses, que punham em rebuliço toda a cidade, me deixavam eletrizado com os números espetaculares de picadeiro dos circos 'Piolin' e 'Bosan', os quais se alternavam em temporadas sucessivas...

Alcançavam enorme sucesso os espetáculos teatrais das Cias. 'Aretuza' e 'Genésio Arruda' no Cine Otoni, quando assistíamos emocionados a peças de pleno agrado público, como 'O Guarani', 'Iracema', 'A Cabana do Pai Tomás', 'Deus lhe pague' e outras... Além disso, o Cine Otoni possuía certo público para os filmes silenciosos, exibidos uma vez por semana...

(...) A fase do Jockey Clube marcou época na cidade, realizando corridas de cavalo nas tardes de domingo. Elas entusiasmaram tanto a minha mãe, que fez papai lhe adquirir belo cavalo branco, que lhe deu o nome de 'Expresso' (por causa do 'trem expresso', o transporte mais rápido que se conhecia)...

Inesquecíveis os espetáculos teatrais realizados por integrantes da sociedade pedroleopoldense. (...) Era costume intercalar nos intervalos números musicais. (...) Pode-se dizer que o Cine Otoni era o 'coração social' da comunidade pedroleopoldense e a casa de Bebela um prolongamento, uma ramificação daquele, funcionando como verdadeiro centro cultural, onde os assuntos predominantes eram cinema, filmes exibidos e por exibir, desempenho dos artistas e suas vidas, literatura. Assuntos gerais também. Ali informava-se de tudo e sabia-se tudo..."

Rua São Sebastião.

Rua da Cadeia — Hoje, com o nome de Rua Romero Carvalho, em homenagem ao primeiro presidente da Câmara dos Vereadores, a Rua da Cadeia, nesta fotografia da década de 50, fica situada entre as ruas Comendador Antônio Alves e Dr. Rocha. Nesse trecho, veem-se as casas de Belmiro João Salomão, Raimundo Salvador da Silva, José Martins Filho e sua emissora de rádio, a PRK-Veira, que transmitia bons programas musicais e apresentava os artistas da terra como José Issa Filho, Dalton Macedo de Andrade, José Xavier de Deus, Carlos Andrade, Pachequinho e Chico de Loura. Ali residia Sá Donana, a saudosa parteira que ajudou a trazer muitas vidas a este mundo, o Rocha Alfaiate, que com o seu toque de classe vestiu os elegantes da época, Mardocheu Moreira, conhecido por Dodô, um dos pioneiros no transporte coletivo entre Pedro Leopoldo e Belo Horizonte. A velha cadeia, que deu nome à rua, foi demolida para a abertura da Rua Senador Melo Viana. Em seguida, vê-se o prédio que foi de Elias Rafael, sírio-libanês que se radicou em Pedro Leopoldo, deixando uma grande família. Mais à frente, veem-se a fábrica de palhas, de Horácio, e a Padaria Democrata. Do outro lado da rua, havia o posto telefônico, com a direção de Zinha Carrusca, a residência de Guiomar Salles, de Zamico, do Toledo, com sua oficina e aluguel de bicicletas, do José Domingues, pai de Juquinha Domingues, que fotografou a cidade nos anos 30, 40, 50 e 60. E ainda a casa de Cristóvão Duarte e o prédio onde funcionaram o Grupo Escolar Ruí Barbosa e o Armazém Duarte, cujo slogan era "Armazém Duarte, onde você faz economia e tem panela cheia todo dia". Esse anúncio era feito pelo carro de som de Geraldo Gonçalves da Silva, imortalizando, assim, o grande comunicador Geraldo Panela Cheia.

Casarão da Companhia Fabril da Cachoeira Grande, antiga residência de José Sérgio Machado.

Residência de Antônio Alves Barbosa Mello e, posteriormente, escritórios da Fábrica de Tecidos.

Pátio interno da Fábrica de Tecidos.

Vista parcial do Quadro da Fábrica de Tecidos.

Grupo Escolar São José.

Residência de Horário Augusto da Silva, na Rua Romero de Carvalho.

Residência de Christiano Ottoni. Foi demolida em 1999.

Sobrado no Campinho, construído em 1925. Foi a residência de Agenor Teixeira da Costa.

Casa Paroquial — Abrigou, por muitos anos, autoridades eclesiásticas. Foi demolida em 1990.

Casa dos agentes da Estrada de Ferro Central do Brasil, demolida em 2000.

Almoxarifado da Estrada de Ferro Central do Brasil.

Carpintaria da Estrada de Ferro Central do Brasil.

Pátio da estação ferroviária.

Ônibus da Empresa Zezé nos anos 50. Fazia a linha Pedro Leopoldo, Vera Cruz e Belo Horizonte.

Funcionários dos Correios e Telégrafos na Rua Dr. Herbster. Nesse local, Chico ia diariamente para postar e apanhar correspondências.

Pedro Antônio Pereira, Seu Pedroca, fazendeiro contemporâneo de Chico Xavier.

José Alves, conhecido por Zé Godê, nos anos 50 e 60 cultivava legumes e hortaliças em seu terreno no Barreiro e caminhava até Pedro Leopoldo para comercializar seus produtos. Nas horas vagas, limpava quintais.

João Ivo, o João Capeta. Foi especialista em cisternas.

Maria Pereira, a grande benzedeira. Foi contemporânea de Chico Xavier.

Osvaldo Gonçalo do Carmo, compositor, poeta e trovador. Foi colega de Chico Xavier na Fazenda Modelo. Em 1967, compôs o hino da cidade de Pedro Leopoldo.

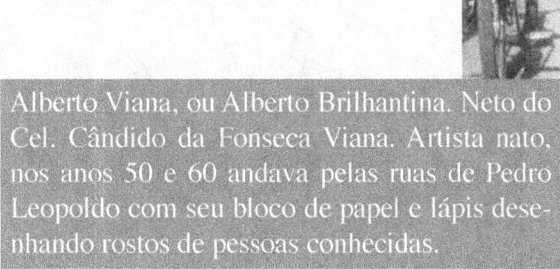

Alberto Viana, ou Alberto Brilhantina. Neto do Cel. Cândido da Fonseca Viana. Artista nato, nos anos 50 e 60 andava pelas ruas de Pedro Leopoldo com seu bloco de papel e lápis desenhando rostos de pessoas conhecidas.

José Fernando, o Fernando Rolete, figura conhecida em Pedro Leopoldo nos anos 50 e 60.

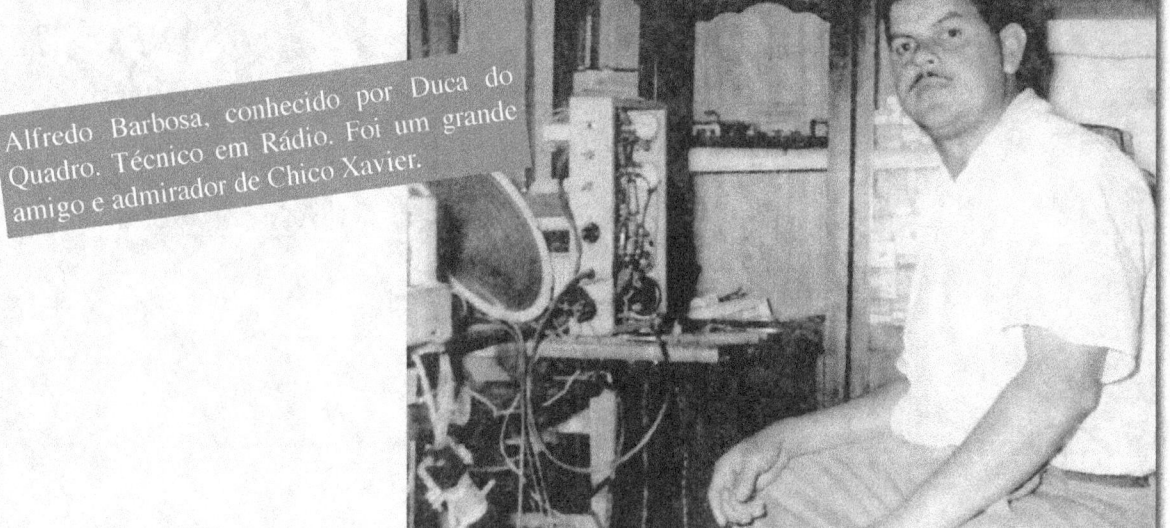

Alfredo Barbosa, conhecido por Duca do Quadro. Técnico em Rádio. Foi um grande amigo e admirador de Chico Xavier.

Waldemar Silva, o Pachequinho, compositor, instrumentista e artista plástico, foi casado com Lucília Xavier Silva, irmã de Chico Xavier do segundo casamento de João Cândido Xavier e Cidália Batista.

Sá Rogéria — Rogéria Marques Moreira, católica fervorosa, inscrita na Obra Pia de São Geraldo, em 22 de junho de 1919.

Ao centro, José Sérgio Machado, conhecido como Juca Machado, ao lado da segunda esposa, D. Conceição, ladeado pelos filhos Zeca e Jayme Machado, e o genro Nico Pereira.

Baile na Liga Operária.

Baile no Fubá.

Baile no Grupo Escolar São José, em 1952.

O Industrial Jaz foi o orgulho de Pedro Leopoldo nos anos 50. Com um toque de classe em suas apresentações, no Clube do Industrial, nas cidades vizinhas e até mesmo em Belo Horizonte, por onde passou deixou muitas saudades nos corações enamorados. Na fotografia: João Corujão, Eurico, José Vicente, Expedito Pires, José Xavier de Deus, Antônio Hilário Rodrigues, Geraldo Gordinho, Pedro Lima, Dico Xá Doce, José Barnabé, Tolim e Gabriel.

Show "Sonho com o México", palco do Cine Marajá.

Interior do Cine Central, onde Chico Xavier assistiu memoráveis filmes, destacando "Carrossel", dirigido por Henry King. Ao final, Chico disse: "Isso não é um filme, é uma poesia!"

Equipe do Industrial Esporte Clube nos anos 50. De pé, da esquerda para a direita: Paulo Vilela, Roberto Bueira, Moisés, Luciano Barbosa, Onofre Diniz, Pega-Franco e Zé Preto. Agachados, da esquerda para a direita: Zé Pires, Zico, Calango, Gilberto e Cara-Larga.

Equipe de vôlei do Atlanta nos anos 50. Da esquerda para a direita: Hélio Bastos, Antônio Azevedo Carvalho, Marcelo, Altamir Cruz, Nicolau Neto, José João Teixeira e Marcos Machado.

Corporação Musical Cachoeira Grande em frente à Fábrica de Tecidos, em 23 de junho de 1950.

Cachoeira do Urubu.

Fazenda Modelo.

Residência de Rômulo Joviano, na Fazenda Modelo.

Fazenda Modelo — Criada em 30 de março de 1918, foi chamada de Granja Pastoril Riachuelo, pertencente ao Ministério da Agricultura do Governo Federal.

Lagoa Preta — Fazenda Modelo.

Escola Rural João de Barro — Fazenda Modelo. Instituição de ensino primário e de alfabetização de adultos fundada durante a gestão de Rômulo Joviano.

Chico Xavier na Fazenda Modelo com um casal amigo.

Oswaldo Mário, na Fazenda Modelo. Era sobrinho de Maria Joviano, filho de Iacy e Oswaldo Benjamim de Azevedo.

Lembrança da IVª Convenção de Técnicos da Inspetoria Regional em Pedro Leopoldo. Técnicos, da esquerda para a direita, de pé: Fausto Paulo Werner, João Jardim, José de Paula, José de Souza Carrusca, Dr. Ribeiro, Rômulo Joviano, Thomaz Heath Dalton, Hermam Rehaag, Francisco Cândido Xavier, Edgar Bittencourt, Darwin de Rezende Alvim, Oswaldo Alvarenga. Abaixados: Vicente Picorelli Neto, Policarpo Rocha Filho, Aristides Pinto Paiva, David Nadler, Pedro Bertolucci, Dirceu Portella e um visitante, amigo de Dirceu Portella.

Lembrança da IVª Convenção de Técnicos da Inspetoria Regional em Pedro Leopoldo. Administrativos, da esquerda para a direita, de pé: Hélio Gonçalves Moreira, Angelo Viana, Nelson Sbampato, Vicente de Paula Silva, Wanda Amorim Joviano, Célia Barroso Miranda, Alcindo de Oliveira, Francisco Cândido Xavier, Antônio de Oliveira, Francisco Mavignier. Abaixados: Pedro Alcântara Campos, Jaime Evangelista Martins, José dos Santos Moreira, Orlando Pereira Bern, Hildefonso Vieira Mendes, José de Araújo (e o cãozinho Fly), Carlos Alberto de Miranda, José Hildefonso Torres e Guilherme Augusto.

Centro Espírita Luiz Gonzaga, inaugurado em 2 de abril de 1950.

Mesa dos trabalhos no Centro Espírita Luiz Gonzaga.

Centro Espírita Luiz Gonzaga.

Frequentadores do Centro Espírita Luiz Gonzaga.

Em primeiro plano, Manuel Ferreira Diniz, o Lico, com Chico Xavier no Centro Espírita Luiz Gonzaga.

Chico Xavier no Centro Espírita Luiz Gonzaga.

Chico Xavier.

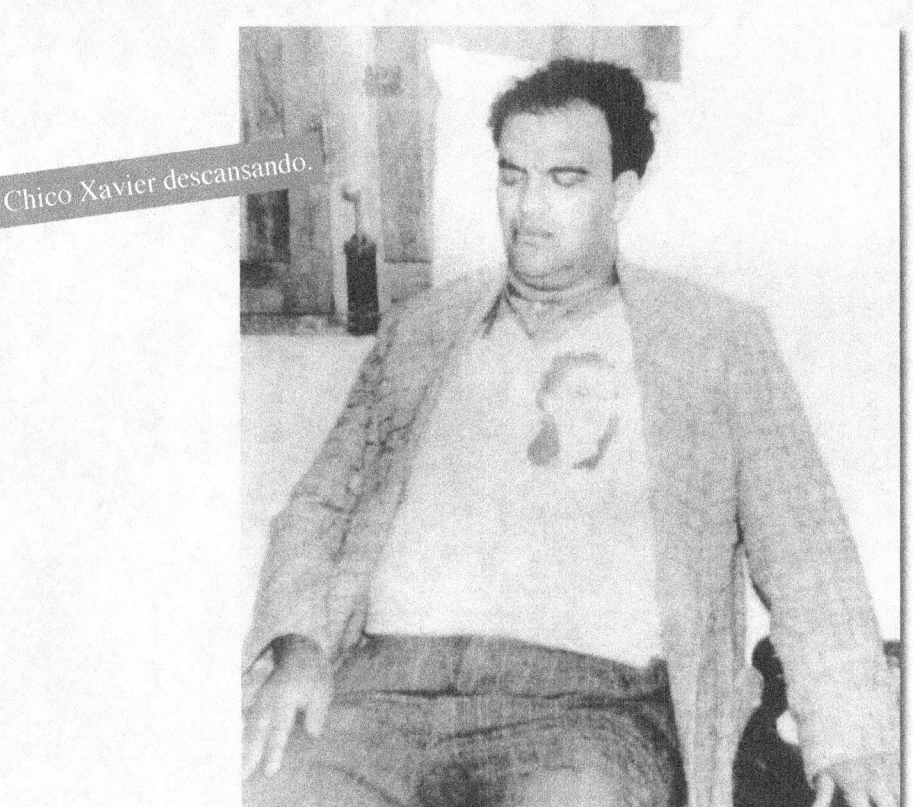

Chico Xavier descansando.

Chico Xavier com amigas.

Chico Xavier com Waldo Vieira e sua mãe, Aristina Vieira.

Chico Xavier entre amigos, entre eles Nair Machado e Adélia Machado de Figueiredo, de braço dado
ao médium. Zeca Machado é o primeiro da esquerda para a direita.

Chico Xavier com seu grande amigo José Gonçalves Pereira, de São Paulo.

Chico Xavier com Zeca Machado.

Chico Xavier passeando de charrete na companhia de Dr. Thomaz Dalton, à sua direita.

Chico Xavier com amigos, na quitanda de André Luiz Xavier, na Rua Comendador Antônio Alves, ao lado do Cine Central.

Chico Xavier com amigos, na Rua Comendador Antônio Alves, em frente ao Cine Central.

Chico Xavier com amigos no Centro Espírita Meimei.

Chico Xavier conversando após reunião, na varanda do Centro Espírita Luiz Gonzaga.

Chico Xavier com Pietro Alluori Ubaldi, no Centro Espírita Luiz Gonzaga.

Fazenda Modelo, em 21 de agosto de 1951. Pela ordem, da esquerda para a direita: Américo Pessanha, Clóvis Tavares, Alda Romanelli junto do esposo Rubens Romanelli, Pietro Alluori Ubaldi, Chico Xavier, João Baptista Lino e José Gonçalves Pereira.

Fazenda Modelo — Chico Xavier com Pietro Ubaldi, à sua direita, e Newton Boechat. Atrás, primeiro à esquerda, Rômulo Joviano com amigos.

Chico Xavier, Rômulo Joviano e Pietro Ubaldi, em 1951.

Chico Xavier na Fazenda Modelo.

Chico Xavier na Fazenda Modelo.

Neném Aluotto visitando Chico Xavier hospitalizado em Pedro Leopoldo, em 1951.

233

Fazenda Modelo — Na foto de 1951,
Antônio, um amigo de Chico Xavier.

Chico Xavier na Fazenda Modelo, com
Julinha Koleim e Carlos Albano Rocha
(Quileia).

Rua 27 de Janeiro — Inaugurada no dia da emancipação da cidade, 27 de janeiro de 1924, a Rua 27 de Janeiro teve seu nome alterado para Dr. Roberto Belisário através de lei, em 1959, pelo então prefeito Antônio Dias Pereira. Sua extensão vai da Rua Comendador Antônio Alves até a Rua Dr. Rocha. Começando pelas casas de Milu e Bebeto Bahia, residiram e residem até hoje personagens que muito contribuíram para o progresso de Pedro Leopoldo: D. Mariquinha, com seu salão de beleza, Elias Marques, com a sua barbearia, o casal de imigrantes italianos, Henrique e Elvira Micheline, que com sua profissão de parteira prestou relevantes serviços à comunidade, seu filho Eugênio, com a sua sapataria de consertos, e seu neto Lúcio, com a sua oficina mecânica, Geralda de Fifina, o Bar do Cordeiro, a família Nassif, o construtor Alberto Faria, a pensão de Josefina, Oscar, alfaiate, D. Maria, costureira, Joaquim Félix, Dr. Juvenil e D. Perolina, Bino Barbosa, um dos pioneiros no transporte coletivo entre Pedro Leopoldo e Belo Horizonte, Toniquinho, carpinteiro, Alfredo Emiliano, Marcelino e sua fábrica de malas. A grande atração dessa rua nos anos 50 foi, sem dúvida, o campo do Pedro Leopoldo Atlético Clube "Futrica". Nas tardes de domingo, um grande desfile de atletas enchia os olhos dos torcedores, dentre eles Cecé, João Brant, Mineiro, Rui Carvalho, Cacaio, Caetano Carvalho, Vicentinho, Juvenal de Libério, Parruda, Gê Bananeira, Flávio Gouveia, Zé de Emílio, José Pires Xavier, João Machado, Adéli Linhares e muitos outros ao redor do campo. Senhoras e senhoritas enfeitavam o ambiente com seus longos vestidos, chapéus e sombrinhas multicoloridas. João Silvano, o Dinoite, gravou depoimento no qual ele diz: "Pedro Leopoldo nunca mais verá um espetáculo como este". Ao fundo da fotografia de 1952, vê-se a casa de Antônio João Salomão e o Posto Líder.

Frota da empresa Dodó, em 1952.

Operárias na porta principal da Fábrica de Tecidos, numa fotografia de 1952.

Ônibus da Viação Tupi, em 1952. Fazia a linha Pedro Leopoldo, Vera Cruz, Neves e Belo Horizonte.

1952 — Primeiro desfile de 7 de Setembro do Colégio Imaculada Conceição.

10 de setembro de 1952 — Marinheiras das barra-quinhas "Cine Branco", uma idealização de Maria Luiza Belizário Modiano. O cidadão sorridente é João Herculino, que foi prefeito de Sete Lagoas e deputado federal.

Chico Xavier e o seu irmão André Luiz, no
Centro Espírita Luiz Gonzaga, em 1952.

Jandira, esposa de Fausto Joviano, com o filho Arthur, nascido em 1952.

A família Joviano no dia do batizado do pequeno Arthur. Da esquerda para a direita: Vivili, irmã de Jandira, Lúcia, irmã de Fausto, Jandira, Fausto, Célia, Francisca, com Arthur, e Flora. Na frente: Francisca Marta e Laura Elvira, segunda filha de Fausto, nascida em 1940.

Nelson Pena, cunhado de Chico Xavier, casado com Carmozina Xavier. Fotografia datada de 22 de fevereiro de 1953.

Construção da Fábrica de Cimento Cauê, em 1954.

Rua Comendador Antônio Alves, em 1955 — A fotografia retrata bem o lado esquerdo da rua, que começava com a casa do dentista e coletor federal Maurício Viana de Azevedo, a alfaiataria de Gerson Barbosa Chaves, a casa de Nonó Batista, com os consultórios de Paulo Gomes Baptista e Juvenal Néri, e com o gabinete do dentista Delvo Fontana Alvim. Em seguida, havia o Bar do Cachorro Quente, a sede do Sport Clube Pedro Leopoldo, a Alfaiataria do Espanhol, de Domingos Vasques Jares, e o Bar do Pacote, ponto de encontro dos torcedores do Pedro Leopoldo Futebol Clube. Depois da Rua Ary Castilho havia a casa de Teotônio Batista de Freitas e de César Julião de Sales. A rua terminava em frente à Rua Dr. Herbster, com o Mobiliário Leroy, no antigo prédio do Cine Teatro Otoni, no qual, no andar superior, ficava a residência do juiz de Direito Júlio César de Vasconcelos. A fotografia foi feita da sacada do Hotel Minas Gerais.

Chico Xavier psicografando no Centro Espírita Luiz Gonzaga, em 1955.

José Martins Peralva Sobrinho, em primeiro plano, e Chico Xavier.

Praça da estação ferroviária, em 1955.

Hotel Diniz, de Nana Viana, em 1955. Local de memoráveis reuniões com Chico Xavier e visitantes espíritas.

André Luiz Xavier, Eduardo Carvalho e Chico Xavier, na Cantina do André, em 1955.

Chico Xavier no interior de um automóvel na Fazenda Modelo, em 1955.

Fábrica de Cimento Cauê, numa fotografia de 1955.

Time do Sport Clube, campeão de 1956. De pé, da esquerda para a direita: Adelso Néri Lopes, Lecir, Dartagnhan, Jair, Jésus, Geraldo, Antônio Carvalho, Itamar e Wilson Sales. Agachados, da esquerda para a direita: Cajuci, Caveirinha, Laerte, Otávio Augusto, Clodovil e Zezinho.

Chico Xavier, em 1956.

Cine Marajá, inaugurado em 15 de março de 1956. Tinha capacidade para 960 espectadores.

18 de maio de 1956 — O presidente Juscelino Kubitschek de Oliveira inaugura oficialmente a Fábrica de Cimento Cauê.

Chico Xavier com amigos na Praça
Dr. Senra, em 2 de agosto de 1956.

Chico Xavier com amigos na Praça Dr. Senra, em 2 de agosto de 1956.

Neném Aluotto no Centro Espírita Luiz Gonzaga, em 1958. Em segundo plano, Carmen Machado dos Santos e Wanda de Figueiredo Noronha.

Neném Aluotto e Léa Curi. Em segundo plano, Wanda de Figueiredo Noronha.

Rua São Sebastião, em 1958.

Rua Comendador Antônio Alves, em 1958.

Praça Dr. Senra, em 1958.

Conjunto Musical Cravo de Ouro, em 1958. Da esquerda para a direita, de pé: Geraldo Epifânio, Daniel Barbosa, Geraldo Gonçalves, Vicente Diniz. No centro, de paletó branco, o então prefeito Antônio Dias Pereira.

Estúdio da ZYV-61 Rádio Cauê, inaugurada em 8 de agosto de 1958. Da esquerda para a direita: Verdurinha, Geraldo Melo e Renê Silva.

Fachada do Grupo Escolar Rui Barbosa, em 1959.

Chico Xavier próximo ao Açude do Capão, local em que viu Emmanuel, seu benfeitor espiritual, pela primeira vez.

Última residência de Chico Xavier em Pedro Leopoldo.

Arnaldo Rocha, Chico Xavier e Arivaldo.

Chico Xavier.

1980

inauguração da praça chico xavier — 15 DE NOVEMBRO DE 1980

"Certa noite, conversava com o amigo Joaquim Lopes, à porta do Cine Otoni, enquanto aguardávamos o início do filme 'Três amores', de Joan Crawford, quando fui abordado por ele (Chico Xavier). Com seu jeito humilde, bondade, foi logo me dizendo: 'Não me canso de admirar seus desenhos em casa de nossa Rita Maciel. Sentiria muito feliz em possuir um seu, também, nem que fosse uma flor...' Eu, que não o conhecia pessoalmente, senti-me desvanecido diante da possibilidade de satisfazer o desejo tão simples, tão modesto, daquele já famoso por suas qualidades mediúnicas. Uma semana depois, de volta a Pedro Leopoldo, procurei-o para entregar-lhe expressivo desenho da atriz Anna Sten, com os seguintes dizeres: 'Chico, aí tem a flor que me solicitou, porém em forma de mulher...' Como viajara a serviço da Fazenda Modelo, deixei o desenho em sua casa. Dias depois, receberia dele linda carta de agradecimento, a qual daria início à longa correspondência entre nós. (...) Aliás, ser amigo do Chico é privilégio de poucos. Como poucos os que têm tido oportunidade de conviver com tão pura e bela personalidade. (...)"

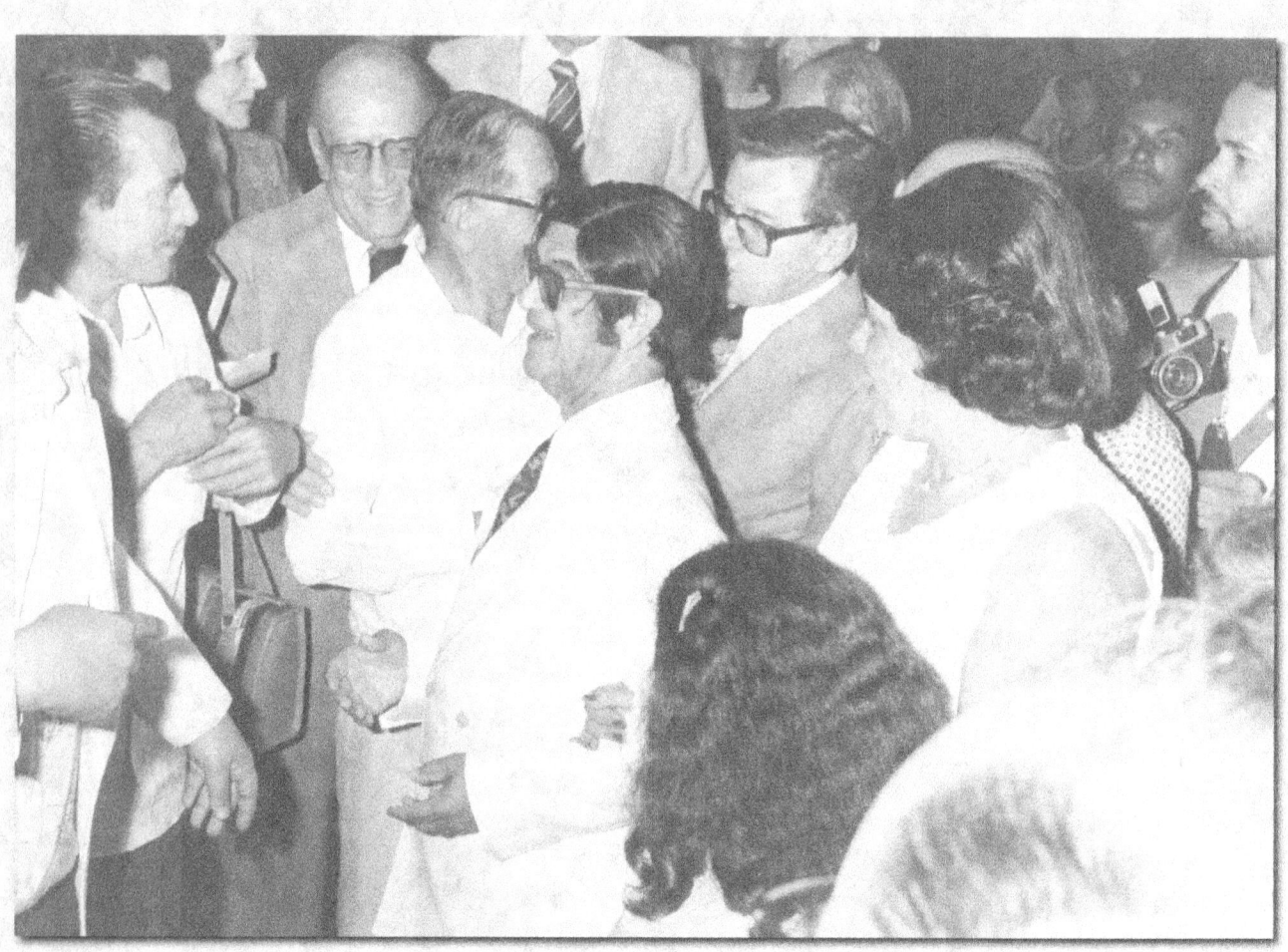

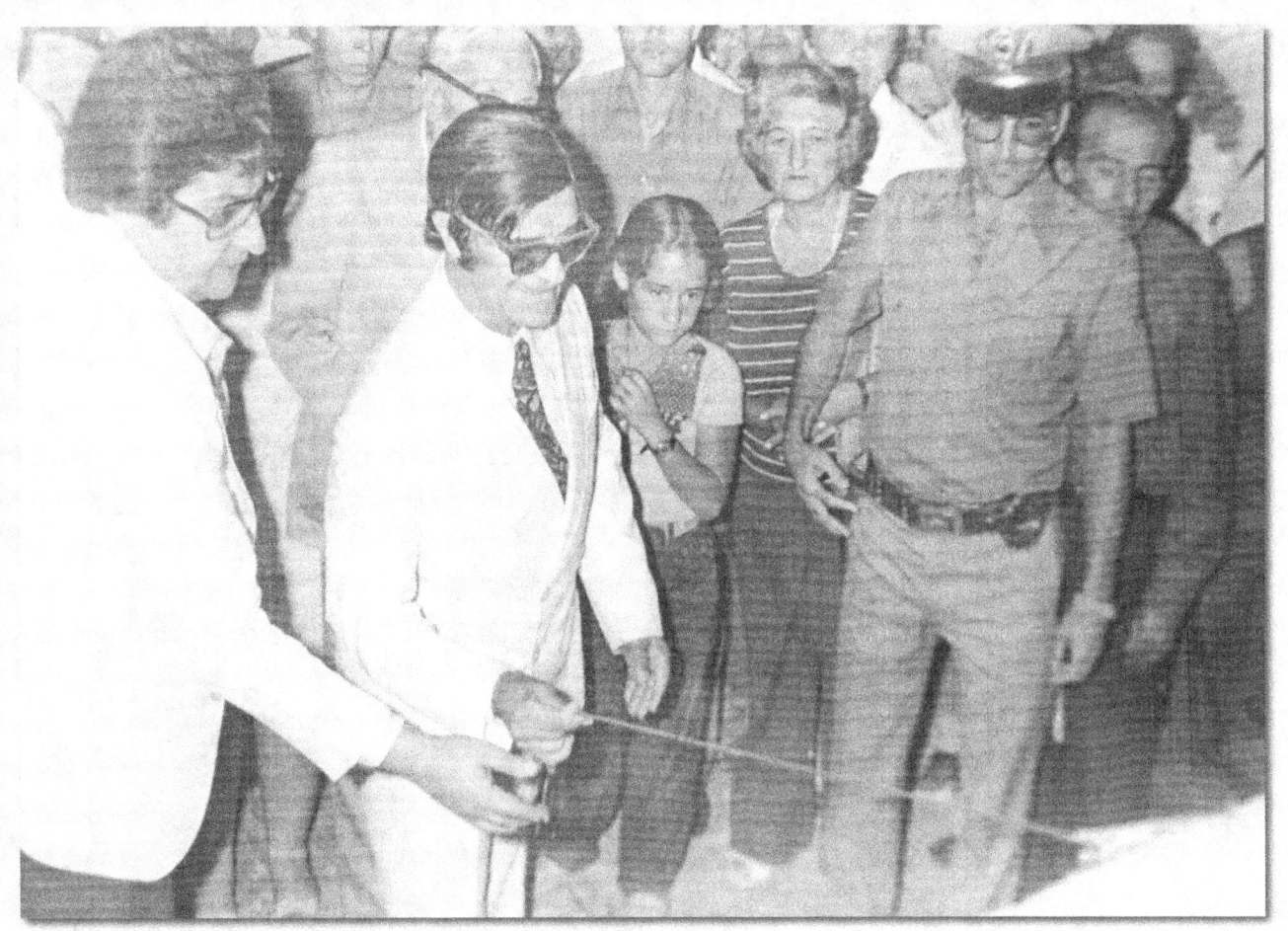

PRAÇA
"CHICO XAVIER"
HOMENAGEM DO POVO
DE PEDRO LEOPOLDO
AO SEU ILUSTRE
E QUERIDO IRMÃO
HELIO ISSA
PREFEITO MUNICIPAL
PEDRO LEOPOLDO
15 - 11 - 1980

BIBLIOGRAFIA

Referências Bibliográficas

HARLEY, Jhon. *O voo da garça* — Chico Xavier em Pedro Leopoldo | 1910-1959. 2. ed. Belo Horizonte: Vinha de Luz, 2010. 328p.

MACHADO, Walter. *Joan Crawford, uma homenagem*. Belo Horizonte: Formato, 1993. p. 16-18-21-22-23-24-25-26-27-28-38-63.

NETO, Geraldo Lemos (Org.). *Mandato de amor*. 4. ed. Belo Horizonte: União Espírita Mineira, 1997. p. 17-43-47-83-199-261.

SOBRINHO, José Martins Peralva; PERALVA, Basílio (Org.). *Evangelho puro, puro Evangelho* — Na direção do Infinito. Belo Horizonte: Vinha de Luz, 2009. 352p.

XAVIER, Francisco Cândido; RAMACCIOTTI, Caio (Org.). *Mensagens de Inês de Castro*. 18. ed. São Bernardo do Campo: GEEM, 2011. p. 212-217.

XAVIER, Francisco Cândido; NETO, Geraldo Lemos (Org.). *Bastão de arrimo*. 2. ed. Belo Horizonte: União Espírita Mineira, 2011. 136p.

XAVIER, Francisco Cândido; JOVIANO, Wanda Amorim (Org.). *Colheita do bem*. Belo Horizonte: Vinha de Luz, 2010. 536p.

ANEXO A

LEI N 843 – DE 7 DE SETEMBRO DE 1923

Dispõe sobre a divisão administrativa do Estado

O povo do Estado de Minas Geraes, por seus representantes, decretou, e eu, em seu nome, sancciono a seguinte lei:

Art. 1.º A divisão administrativa do Estado de Minas Geraes, no decennio a contar da data desta lei, será por esta regulada, na fórma dos artigos seguintes:

XXVII — de PEDRO LEOPOLDO, constituido dos districtos de *Pedro Leopoldo, Mattosinhos, Fidalgo, Capim Branco e Prudente de Moraes* (desmembrados do municipio de Santa Luzia do Rio das Velhas) e de *Vera Cruz*, com territorio desmembrado do municipio de Contagem, tendo a seguinte divisa:

Começa na Pedra Branca, onde cruzavam os municipios de Sete Lagoas, Santa Luzia e Contagem. Deste ponto segue em linhas de vertentes até o alto do Capão Grande. Dahi desce-atravessa o ribeirão da Matta em direcção a um grande roche-do um pouco abaixo da Fazenda dos Pilões. Do rochedo sobe pelo espigão até o alto do Sitio, dividindo até este ponto com o districto de Neves. Dahi volta passando pelo alto dos Panelleiros e desce até a Lagoa dos Marrecos, atravessa o ribeirão de Areias e sobe pelo espigão, até o alto do corrego da Barra, dividindo até este ponto com o districto de Campanham. Deste ponto volta pelo Congú e Bahú em linhas de vertentes até o Ribeirão de Areias. Sobe por este, apanha a barra do corrego de Cabelleira e por este acima até apanhar antigas divisas e pelo espigão de Maravilha até o alto e dahi seguindo pelo mesmo espigão em aguas vertentes até o alto da Roça de Cima; neste ponto deixa a linha de vertentes e desce á direita pelo corrego Grande até a barra deste, no ribeirão da Matta, dividindo até este ponto com o districto de Vespasiano. Ahi salta o ribeirão e segue dividindo com o districto de Lagoa Santa, sempre em contorno, deixando á direita o povoado de Confins, passando pelo alto das Canoas desce pelas mesmas divisas até apanhar o corrego dos Jacques por este abaixo até sua barra no Rio das Velhas. Desce pelo rio acima referido até a barra que nelle faz o corrego denominado Riacho d'Anta. Neste ponto sobe pelo corrego em confrontação com o districto de Jequitibá de Sete Lagoas e segue em linhas de vertentes pelos altos de Goiabeiras, alto da Varzea da Pedra e sempre confrontando com o districto de Jequitibá até o ribeirão do Jequitibá. Dahi volta pelo ribeirão acima dividindo com o districto da cidade de Sete Lagoas até encontrar as divisas do districto de Buritys e por estas até a Pedra Branca, ponto de partida.

Pedro Leopoldo

Direcção e responsabilidade de Christiano Ottoni e Maurício de Azevedo

Gerencia de Joaquim Tavares de Souza

N. 1 — — Pedro Leopoldo, 21 de Abril de 1925. — — ANNO I

DR. MELLO VIANNA

Honrando-nos, honramos Pedro Leopoldo, estampando em nosso primeiro numero o retrato de S. Excia, o Sr. Presidente do Estado.

Esta terra, que no sr. Mello Vianna teve um profundo reconhecimento e lh'o tributa com o mais accendrado affecto e sinceridade de que é capaz, julga-se no dever de homenageal-o sem [...]

[...] são. E ao circular o primeiro numero do "Pedro Leopoldo", outra melhor opportunidade não se lhe offereceria para essa homenagem de apreço e consideração ao homem que a elevar, conservando com carinho, a mesma velha amizade que sempre dedicou á gente de Pedro Leopoldo.

O Dr. Mello Vianna vem sendo para Minas Geraes a realização mais completa dos seus principios democraticos que, desde o inicio da nossa vida publica, bateu-se [...]

muitiplos ramos de saber. Fernando de Mello Vianna entrou no Palacio da Liberdade com um programma inteiro de governo, para realizar em dois annos. E como dois annos não comportam [...]

[...] tavam, estudos de todas as realizações de que S. Excia. queria dotar o Estado, ellas [...]

ao irmão dilecto sahido de sua communhão para guial-o como eleito, julgou que S. Excia. fosse repousar primeiro dos ultimos trabalhos, para depois bem cuidar do que lhe confiára.

iam, para elles iam, salvadores e beneficos, os decretos e as leis.

S. Excia. tanto olhava para o conjuncto do Estado, como para as suas partes componentes. Assim, ao mesmo tempo que destinava 20.000 contos para a solução do problema siderurgico, era perdoada a divida de Ouro Preto. A mesma [...] tracto com a União para proseguimento das obras federaes no Estado, fazia a divisão judiciaria, destinava 9.000 contos para emprestimos ás Municipalidades e dava lar aos funccionarios da Capital que o não tinham.

O grande problema social e humanitario - A Instrucção Publica - S. Excia. serenamente o resolvia, lançando as Reformas dos Ensinos Primario e Normal do Estado e mandando aos corações das Mães Mineiras a carta celebre já e já lida em o seio de todas as familias, onde preces sobem a Deus pela felicidade de quem tão bom sabendo ser, tão bom se mostra.

É por estes e muitos outros motivos de respeitosa admiração que lhe impõe a figura excelsa do Presidente de Minas, insinuante e mascula, animando de força nova a grande vida do Estado, que o "Pedro Leopoldo" lhe presta esta humilde homenagem.

Primeiro exemplar do jornal "Pedro Leopoldo", que circulou em 1925.

" Pedro Leopoldo "

Desfraldando uma bandeira sobre todas distincta-a do interesse collectivo e progresso intellectual da nossa gente, cremos serenamente vir cumprir um dever e preencher uma lacuna. Não pedimos applausos e não merecemos censuras. Iniciamos a publicação deste jornal sem cuidarmos que seja isso para nós um sacrificio ou uma fonte de dissabores; sem que esperemos louvores e sem que devamos reconhecimento.

Desligado este jornal de compromissos politicos, apoiaremos incondicionalmente os governos actuaes da Republica, do Estado e do Municipio, porque temos segura convicção de que esses governos são honestos, laboriosos, progressistas, democraticos. E governos nestas condições merecem respeito e admiração de homens de bem e de boa vontade.

Para a defesa dos interesses da terra e da gente do nosso Municipio, teremos acção serena e criteriosa, criticando sem offender e elogiando sem bajular, sobrepondo, em todas as situações, o bem geral ao egoismo individual.

Não causaremos mágoas a ninguem, esperando, entretanto, proporcionar fartas alegrias a muitos.

No elevado molde de analyses de que procuraremos nos servir, não focalisaremos nunca individuos, mas ideaes; não escolheremos côr social, mas actividade e energia.

Si, com este programma á risca cumprido, alguma vez errarmos, confessamos, desde hoje, que o erro terá sido consciente e do nosso gosto.

Agencia do Correio de PERIPERY

Auctorisados pelo Snr. Presidente da Camara, vimos explicar o caso visado pelo ultimo numero d' "O Periodico" sobre a agencia dos Correios de Peripery.

O "Periodico" foi mal informado. A Agencia de Peripery foi supprimida por não haver sido indicado candidato para dirigil-a.

O Dr. Arthur Bernardes, quando Presidente do Estado, telegraphou ao actual Presidente da Camara, pedindo mandar indicação de candidato para o logar de Agente do Correio. O Coronel Roméro fez scientes disso os dirigentes politicos dos districtos interessados, pedindo-lhes a indicação.

Obteve como resposta que nenhum candidato se offerecia para aquelle cargo, o que foi communicado ao Governo, que disso se desinteressou, em vista da solução dada. É esta a razão porque Peripery não tem Agencia do Correio.

UM PROPHETA

Da obscuridade em que vegetava até bem pouco por esses rincões a banalissima vida de caboclo broncho analphabeto, surgiu, como que por encanto, da noite para o dia, aureolada pelo mysterio e guindada ás alturas pela confusa psychologia das multidões a figura extraordinaria e ultra-assombrosa do professor Mozart.

Paralysias,... velhas ankyloses,... fracturas recentes ou antigas,... manias multiformes,... encrencadissimas affecções do systhema nervoso,... - uma variedade infinita de males, tudo, tudo são méra futilidade ante o espirito altamente esclarecido e douto do ultra-pyramidal aborto scientifico.

- Com um passe de irrisoria simplicidade, um aperto de não tão simplesmente ou mesmo um gesto de simpleza rara, -era uma vez osso quebrado! adeus! paralysia!... muleta te já não quero!

E a onda incontida de alarde multiforme, a reclame magnifico dessa fileira interminavel de pacatos cidadãos, em unisono, vão elevando ao azular dos ares o nome muitas vezes espantoso desta figura singular de novo Messias de fancaria. - E o enthusiasmo cresce, invade as massas, ganha proporções inultrapassaveis, a imprensa da Capital-federal não regateando elogios ao mysterioso sabio, enaltece, tece-lhe os mais vehementes elogios; procura provar por A mais B, com insophismaveis testemunhos e chapas animatographadas a infallibilidade do sapientissimo professor. E a interina fileira engrossa cada vez mais. Elle é o homem do dia, o grande heróe scientista, capaz, na imaginação popular, dos mais grandiosos rasgos de maestria therapeutica. É, dizem, generoso o propheta ultra ce'ebrisado, na recebe, e vae alem: aos doentes pobres prodigalisa recursos com que mitigarão os seus soffrimentos. O homem é um novo Messias!

Contrista-nos deveras a espectaculosa romaria que a figura grotesca deste mezinheiro vulgar vem formando em torno do seu cadinho de droguista de feira, de onde saem as maravilhosas cataplasmas com que tapela a imaginação doentia de tantos patricios merecedores de melhor sorte.

Não ha, porém, como demover a crendice popular fanatisada pelo prestigio morbido de um homem vulgar, ôco, um impostor de drogas maravilhosas, que a insanidade nervosa de um organismo hysterico creou e que, para tristeza nossa, a crendice de muita gente rustica e... - porque não dizel-o? de muita gente culta elevou ás culminancias da celebridade. - É que os nevropathas trazem com seu mal, como bagagem infeliz, decorrente de seu estado, a incomprehensão do morbus que lhes corre os pobres nervos esticadinhos e ignoram as sorpresas das paralysias de fundo hysterico. Estas, curam as os mozr.rts, porque, faltando-lhes substractum anatomico, como doenças de suggestão que são, curam-se mesmo apez ur dos passes miraculosos deste propheta bronchô, gloria de nossa cu'tura reles e redempção dos velhos encalhes pharmaceuticos e fundos de botica.

VICTUS

Reforma do Ensino

Acaba de ser prehenchida vasta lacuna em nossos meios de instrucção com a reforma do ensino recentemente realisada.

Rasgaram-se agora novos e mais frutuosos horisontes á cultura scientifica do paiz, uma vez que os fins culminados nos promettem, para breve, grandes e reaes beneficios.

Para um qual sobre o numero de analphabetos é uma calamidade nacional, o actual reforma, com relação ao ensino primario, principalmente, ataca eloquentemente o problema do alphabetisação do povo, pois, para tanto vae contribuir a União com o seu prestigio e fiscalisação directa nos estabelecimentos ruraes, para onde converge a grande massa necessitada do pão espiritual. Resolvendo o problema precipuo de nossa patria o eminente estadista dr. Arthur Bernardes vem mais uma vez provar que todos os grandes factos nacionaes a sua Exa. affectos hão de ser resolvidos com o melhor dos seus esforços pora a grandeza de nossa terra e melhor bem estar de seus filhos.

ESTRADA DE AUTOMOVEIS

Está officialmente autorisada a construcção da estrada de automoveis Venda Nova - Pedro Leopoldo. E' desejo do dr. Mello Vianna inaugural-a ainda no decorrer de seu governo.

Citar os beneficios que a futura rodovia vem trazer a Pedro Leopoldo seria ocril, uma vez que seria repisar uma questão cujo alcance ninguem ignora.

É mister que todos os nossos esforços se congreguem no sentido de poder dentro em breve ter a prompta para maior gloria deste punho de homens que nunca poupou sacrificios, toda vez que a grandeza de nossa terra esteve em jogo.

- Não seria caso para, não desmentindo o passado de nossas realisações, os nossos homens deliberarem dividir por etapas a futura transitovia, tomando alguns delles o encargo de construir cada qual um pedacito da estrada para que, ainda neste anno, seja inaugurada tão util via de communicação?

Cel. Modestino Gonçalves

A Commissão Executiva do Partido Republicano Mineiro mandou ao suffrago do eleitorado do Estado o nome do Cel. Modestino Gonçalves, presidente da Camara de S. Luzia para senador Estadual, na vaga aberta com o fallecimento do saudoso Senador Getulio de Carvalho.

Como justo premio aos serviços que, durante quasi de vinte annos, vem prestando ao Estado de Minas, essa indicação espelha o apoio da opinião publica, que vê no Coronel Modestino um dos mais leaes e devotados servidores de Minas Geraes. Nós ceros parabens, damos a sua Exca. e fazemos votos para que a sua eleição seja a mais concorrida possivel.

Camara Municipal

O Presidente e Agente Executivo da Camara Municipal de Pedro Leopoldo, considerando que estão marcadas as eleições de Senadores e Deputados Estadoaes para o dia 10 do proximo mez de Maio e que estas eleições ficam muito proximas da eleição que marcou para Juizes de Paz no districto de Prudente de Moraes, no dia 26 deste; considerando ainda que essa proximidade póde perturbar a concurrencia do eleitorado e que desse modo uma das referidas eleições ficará prejudicada,

RESOLVE:

Art. 1º. - Fica sem effeito o decreto de 2 do corrente que marca a eleição de Juizes de Paz para o dia

26 do corrente no districto de Prudente de Moraes.

Art. 2º. Fica marcada a eleição de Juizes de Paz no districto de Prudente de Moraes para o dia 10 de Maio proximo a qual será realisada conjunctamente com as eleições de Senadores e Deputados Estadoaes.

Art. 3º. Revogam-se as disposições em contrario.

Paço Municipal, em Pedro Leopoldo, 10 de Abril de 1925.

O Presidente e Agente Executivo Municipal.

Roméro de Carvalho

A Lição da Terra

Terra prodigiosa, agasalhó magnifica da rica seiva e abundante, solo dadivoso e fertil! Na uberdade morna e magnifica do teu seio, germina em sadia vitalidade, a semente alviçareira e promettedora. Ao bafejar da tepida briza da primavera, ao osculo deste sol predestinado dos tropicos, ao desencadear das grandes chuvas bemfazejas, vestes-te esplendorosamente de orgiaca verdura e sob o manto esmeraldino de que te cobres, realizas esse espectaculo magnifico e unico, apanagio do solo sagrado de Santa Cruz. Realizas a magia encantadora das regiões fabulosas e sob o véo de bondade com que te ápresentas á charrua que te rasga o vente prolifero, jamais desapontaste o braço forte do lavrador, nem mesmo a pujança aurea dos milharaes exuberantes. Entretanto, um dia perderás o encanto do teu segredo; e fatigada, a velha seiva não mais terá o feitiço da esmeralda agreste.

E não serão as grandes chuvas que te prevenirão o mal; nem a ablução desta luz meridiana; nem o tepido perfume da briza primaveril! Os dias tristes virão então, e ao abandono das forças campezinas, o deserto desse verde fecundo e embalsamado, á ausencia da passarada prazenteira e irriquieta, nem lagrimas terás para chorar a perda enorme! Faltar-te á a velha seiva que é o alimento que dás e a lagrima que choras.

E assim, estremunhada de penuria extrema, terás dado ao homem uma grande lição;

—e elle encontrará a chave do teu segredo; e os valles e os alcantis se repovoarão. Com o retorno do homem, virão as manadas do gado pacifico; o ouro te matizará o mimo das verduras; voltará a passarada descuidosa; e ao espectaculo festivo da natureza reflorescida, ha de surgir da lição da terra, da fecundidade do teu seio, uma nova era de riquezas e de felicidades. Será o advento dessa felpa sedosa e vivaz, sobre cuja alvura repousa o futuro da patria-o algodão.

C.

O DIA DE TIRADENTES

A FESTA NO GRUPO ESCOLAR

O Director do Grupo desta Villa, tendo em vista o que institue o art. 252 do Regulamento escolar vigente e a gloriosa data de hoje, convidou os corpos docente e discente do Grupo e pessoas gradas desta localidade, para a festa que hoje se realisou no edificio do Grupo, ás 7 horas da manhã.

Á festa compareceram grande numero de alumnos, todas as professoras e pessoas de destaque.

Foi orador official o professor José Maria Bicalho, director do Grupo, que dissertou sobre o thema historico: A nossa Patria querida é e será sempre o symbolo de gloria do Proto Martyr da Liberdade.

Terminada a sua brilhante allocução, diversos alumnos discursaram, entoaram hymnos patrioticos, inclusive o de Tiradentes e recitaram poesias allusivas á data.

Os nomes dos Drs. Presidente do Estado, Secretario do Interior e Director da Instrucção foram muitissimo ovacionados.

Foi uma festa significativa e brilhante, cuja descripção mais detalhada não demos, por falta de espaço.

SPORTS

FAR-WEST x SPORT CLUB VESPASIANO — Empate de 2 x 2.

Realisou-se domingo, em Mattosinhos, um magnifico jogo de football entre a valosa equipe do Far-West, dalli, umas das melhores do sertão e a do glorioso Sport Club Vespasiano.

O resultado a nosso vêr, não correspondeu a pujança demonstrada pelos «teams» contendores, principalmente pelo Far-West, que jogou melhor do que o adversario, tendo produzido optimos lances, ás vezes emocionantes. O empate verificado devia, pois, por força do melhor jogo desenvolvido, ter-se tranformado em merecida victoria do Far-West.

Achámos o jogo optimo, muito rapido e bem dirigido

e, sobre tudo, muito amistoso.

Levamos ao valoroso Far-West o nosso caloroso parabem, pelo brilho com que se houve na peleja.

*

Representantes da vitalidade sadia de nossa terra, filhos da gloriosa intrepidez bandeirante, os valentes esportistas brasileiros que conquistando, na velha Europa, os mais merecidos louros para a patria distante.

Esse punhado de valorosos moços, em victorias successivas obtidas com fidalga galhardia, bem merece a gratidão da patria pelo relevo com que levanta, além dos mares, a pujança admiravel de um povo, infelizmente ainda mal conhecido pelo aquellas plagas ultra-civilisadas, mas... pouco dadas ás coisas da Geographia.

— Agora, entretanto, é bem provavel que a magia do assombroso calçante de um Friendereich leve os nossos amigos a uma consideração mais distincta para com as terras da joven America, risonha promessa de um futuro mundo mais jovial e menos obsoleto. E' possivel que o animo invquebrantavel, a tactica sportiva, a virilidade admiravel dos bravos patricios, despertem a attenção preciosa de nossos bons amigos da Europa ancia para a situação geographica de nosso paiz, evitando desf'arte os lamentaveis enganos que collocam a nossa Capital em territorio argentino ou vice-versa.

Será já um grande passo andado e um inestimavel serviço prestado ás bôas relações internacionaes.

E, bem sabendo fazer com os pés o que outros têm desfeito com as mãos, os jovens patricios que tão alto elevam o nome do esporte nacional, vão prestar relevante serviço á causa da bôa diplomacia, contribuindo eloquentemente para a realisação da aspiração mais justa de um povo qual a de ser bem conhecida lá fora para maior gloria da patria que tanto estremece.

❦

Domingo, 26

Chopp da Polar

NO

Bar Violeta

THEATRO E CINEMA

O Cine-Ottoni annuncia para domingo proximo a optima producção da Universal Jewel "N... O Desconhecido", em 8 longas partes, com a deliciosa Virginia Valli e Percy Marmond.

Será um espectaculo magnifico esse, onde se casam a technica impeccavel de Carl Lemmle e a belleza estupenda de Virginia Valli, a par de um estudo empolgante de vida social.

Os emprezarios annunciam que não tendo agradado o film em series iniciado ao proximo sabbado, cortaram a sua exhibição, de modo que o programma de sabbado proximo constará de films cujo annuncio será feito durante a semana.

Essa deliberação foi tomada, tendo em vista o desejo da Empresa de corresponder o melhor possivel á boa vontade dos frequentadores do Cine-Ottoni.

EXPEDIENTE

ASSIGNATURAS:

Numero avulso	$200
Por um anno	8$000
» 6 mezes	4$000
» Publicações » a pedido »	$500 por linha.

Annuncios mediante combinação previa.

Os assumptos de expediente serão tratados com a Gerencia.

EUREKA!...

Ide á PHARMA-CIA BELISARIO se estaes soffrendo !... Sem perda de tempo, encontrareis allivio para os vossos males !

Ata de instalação do
Centro Espírita São Luiz Gonzaga

29 de setembro de 1928

Aos vinte e nove de setembro de 1928, às oito horas da noite, no salão da residência do Sr. José Felizardo Sobrinho, com a presença dos Srs. Ataliba Ribeiro Viana, José Hermínio Perácio, José Felizardo Sobrinho, José Cândido Xavier, Deudedit de Carvalho, José Gomes Teixeira, João Cândido Xavier, Francisco Xavier, Galaor Teixeira, Antônio Coelho, José Carlos Malaquias, Jacy Pena, Raimundo Xavier, Francisco Vieira, Nelson Pena e Agripino de Paula foi reorganizado o *Centro Espírita São Luiz Gonzaga*, ficando como dirigente a mesma diretoria com a qual tinha sido fundado em 1927:

Presidente — Ataliba Ribeiro Viana;
Vice-presidente — José Cândido Xavier;
Secretário — Francisco Xavier;
Tesoureiro — José Felizardo Sobrinho;
Procurador — Jacy Pena.

Ficou decidido entre todos os presentes que ficasse estabelecida a mensalidade de um mil réis e que fosse alugado a vinte mil réis mensais o salão da residência do Sr. José Felizardo Sobrinho para que ali fique instalada a sede interina da associação. Foi resolvido que se procedesse a organização dos estatutos da sociedade. Conforme a opinião do diretor dos trabalhos, ficou deliberado que às segundas, quartas e sextas-feiras se fizessem sessões públicas de propaganda da Doutrina Espírita científica cristã e que às quintas-feiras fossem levadas a efeito as sessões privadas, experimentais e de caridade.

Tudo o que ficou acima dito foi unanimemente aprovado por todos os presentes.

Para todos os efeitos, firmo a presente ata, que assino.

Francisco Xavier — Secretário

Acta n. 3

Solemnidade de posse da primeira Directoria do Pedro Leopoldo Futebol Club.

Aos vinte e tres dias do mez de Setembro de mil novecentos e trinta e tres, ás vinte e uma horas, na sede social do Pedro Leopoldo Futebol Club, foi levada a effeito a solemnidade de posse da primeira Directoria da sociedade referida, eleita na Assembléa Geral do dia vinte do corrente e segundo os termos da acta anterior. Aberta a sessão pelo Sr. José Chaves Pimentão que presidiu os trabalhos da alludida Assembléa, o Sr. José Martins Filho, que secretariava a mesma, leu a acta respectiva que foi unanimemente aprovada. Em seguida o Sr. José Chaves Pimentão discorreu brilhantemente sobre a solemnidade, demonstrando com intelligencia as vantagens que advieram á collectividade leopoldense do movimento unionista, do qual resultou a fusão dos dois clubs locaes em uma só agremiação sportiva, recebendo os mais calorosos applausos dos presentes ao terminar o seu substancioso discurso. Pelo Sr. Chaves Pimenta foi então empossado no cargo de Presidente da sociedade o Sr. Rubens de Azevedo Carvalho que passou a dirigir os trabalhos da reunião, empossando em seus respectivos cargos os demais Directores do gremio, os quaes tiveram para o Sr. Presidente palavras de apreço e solidariedade á sua orientação esclarecida. Foi assignalada a ausencia dos seguintes membros da Directoria eleita:— Jefferson Viannas, 2º Secretario, Guilhobel Vianna, 2º Thesoureiro, José Pedro Filho, Membros do Conselho Fiscal e Domingos Vasques, eleito para a Commissão de Esports, que solicitou não só a demissão do cargo para o qual foi eleito, como tambem, a sua exoneração do quadro social da agremiação. Terminada a solennidade da posse, o Sr. Rubens de Azevedo Carvalho, presidente eleito e empossado, convocou uma reunião dos Directores presentes para deliberarem, em conjuncto, sobre diversos pedidos de demissão de diversos associados do gremio, exarados em officios, assignados pelos nomes seguintes:— Mauru Malloz, Geraldo Anacleti, Maria da Conceição Mello Vianna, Zilda W. Silva, Angelina Alves Silva, Orlando Mello Belisario, Delio Mello Belisario, Salim Salemar, Mardocheu Moreira Santos, Geraldo Domingues, Gervasio Paula Marques, João Dino, Enéas Mesquita, Maria da Gloria Belisario, Nair de Mello Belisario, Maria Eugenia Belisario, Maria Julieta de Mello Belisario, Maria Magdalena Belisario, José Januario Araujo, Jorge Issa Elias, José Domingues Filho, João Duarte Moreira, José Augusto Rocha e mais os dos seguintes senhores associados que necessitam regularisar o pagamento de suas mensalidades, segundo o parecer da Thesouraria — José Bahia, Laert Henriques de Freitas, Marinho Pereira da Conceição; Antonio Esteves Silva, Wilson Claudio de Salles, Nelson Penna, Avelar Norberto Braz, José Teixeira Sobrinho, Paulo Gonçalves Pereira, José Joviano Araujo, Domingos Vasques Jarez, Mario Alves, Astrogildo Rodrigues Pereira, José Diniz, José Martins de Avellar, Astrogildo Bahia e mais os dos seguintes socios—Srs. Raymundo Alencar Rocha, Luiz Leroy e Raymundo Veiga, os quaes deverão voltar com novos officios em vista de não serem julgados legaes os que enviaram. O Sr. Presidente expoz esses pedidos de exoneração á apreciação dos demais Directores, propondo o 1º Secretario que os mesmos fossem indeferidos em primeira instancia, porquanto taes deliberações poderiam ter nascido de julgamentos errôneos e apressados, feridos em torno das elevadas finalidades que inspiraram o movimento da fusão dos dois clubs da cidade, fornecendo-se desta forma oportunidade de um acurado estudo a todos quantos queiram examinar com imparcialidade a questão. Foi aceita a proposta, exceptuando-se no que se refere ao pedido do Sr. Enéas Mesquita, o qual, segundo as suas próprias expressões, considera-se exonerado, dispensando portanto qualquer resposta da Secretaria do grêmio. Em seguida o Sr. Presidente declarou encerrada a sessão, lavrando eu, 1º Secretário, a acta presente que será assignada por mim, para todos os effeitos, pelos Snrs. José Chaves Pimenta, Rubens de Azevedo Carvalho e José Martins Filho, os quaes dirigiram os trabalhos e pelo Sr. Aristides Machado pela totalidade dos associados presentes.

Francisco Xavier, 1º Secretário.

José Chaves Pimenta

Rubens de Azevedo Carvalho

Ata n. 3

Solenidade de posse da primeira Diretoria do Pedro Leopoldo Futebol Clube.

Aos vinte e três dias do mês de setembro de mil novecentos e trinta e três, às vinte e uma horas, na sede social do Pedro Leopoldo Futebol Clube, foi levada a efeito a solenidade de posse da primeira Diretoria da sociedade referida, eleita na Assembleia Geral do dia vinte do corrente e segundo os termos da ata anterior. Aberta a sessão pelo Sr. José Chaves Pimenta, que presidiu os trabalhos da aludida Assembleia, o Sr. José Martins Filho, que secretariara as mesmas, leu a ata respectiva, que foi unanimemente aprovada. Em seguida, o Sr. José Chaves Pimenta discorreu sobre a solenidade, demonstrando com inteligência as vantagens que advieram à coletividade leopoldense do movimento unionista, do qual resultou a fusão dos dois clubes em uma só agremiação esportiva, recebendo os mais calorosos aplausos dos presentes ao terminar o seu substancioso discurso. Pelo Sr. Chaves Pimenta foi então empossado no cargo de Presidente da sociedade o Sr. Rubens de Azevedo Carvalho, que passou a dirigir os trabalhos da reunião, empossando em seus respectivos cargos os demais diretores do grêmio, os quais tiveram para o Sr. Presidente palavras de apoio e solidariedade à sua orientação esclarecida. Foi assinalada a ausência dos seguintes membros da Diretoria eleita: - Jefferson Vianna, 2º Secretário, Guilhobel Vianna, 2º Tesoureiro, José Pedro Filho, membro do Conselho Fiscal e Domingos Vasques, eleito para a Comissão de Esportes, que salientou não só a demissão do cargo para o qual foi eleito, como também a sua exoneração do quadro social da agremiação. Terminada a solenidade de posse, o Sr. Rubens de Azevedo Carvalho, Presidente eleito e empossado, começou uma reunião da Diretoria presente para deliberar, em conjunto, sobre diversos pedidos de demissão de diversos associados do grêmio, exarados em ofícios assinados pelos nomes seguintes: - Mansur Malog, Geraldo Anacleto, Maria da Conceição Mello Vianna, Zilda W. Silva, Angelina Alves Silva, Orlando Mello Belisário, Délio Mello Belisário, Sabina Salema, Madalena Moreira Santos, Geraldo Domingues, Gervásio Paula Marques, João Lino, Enéas Mesquita, Maria da Glória Belisário, Nair de Mello Belisário, Maria Eugênia Belisário, Maria Julieta de Mello Belisário, Maria Magdalena Belisário, José Januário Araújo, Jorge Issa Elias, José Domingues Filho, João Duarte Moreira, José Augusto Rocha, e mais os dos seguintes senhores associados que necessitam regularizar o pagamento de suas mensalidades, segundo o parecer da Tesouraria: - José Bahia, Laert Henrique de Freitas, Marinho Pereira da Conceição, Antônio Esteves Silva, Wilson Cláudio de Sales, Nelson Pena, Avelar Norberto Braz, José Teixeira Sobrinho, Paulo Gonçalves Ferreira, José Joviano Araújo, Domingos Vasques Jarez, Mário Alves, Astrogildo Rodrigues Pereira, José Diniz, José Martins Avelar, Astrogildo Bahia, e mais os dos seguintes sócios: - Srs. Raymundo Alencar Rocha, Luiz Leroy e Raymundo Veiga, os quais deverão voltar com novos ofícios, em vista de não serem julgados legais os que enviaram. O Sr. Presidente expôs esses pedidos de exoneração à apreciação dos demais diretores, propondo o 1º Secretário que os mesmos fossem indeferidos em primeira instância, porquanto tais deliberações poderiam ter nascido de julgamentos errôneos e apressados, tecidos em torno das elevadas finalidades que inspiraram o movimento da fusão dos dois clubes da cidade, fornecendo-se, dessa forma, oportunidade de um acurado estudo a todos quantos queiram examinar com imparcialidade a questão. Foi aceita a proposta, excetuando-se no que se refere ao pedido do Sr. Enéas Mesquita, o qual, segundo as suas próprias expressões, considera-se exonerado, dispensando, portanto, qualquer resposta da Secretaria do grêmio. Em seguida, o Sr. Presidente declarou encerrada a sessão, lavrando eu, 1º Secretário, a ata presente, que será assinada por mim, para todos os efeitos, pelos Srs. José Chaves Pimenta, Rubens de Azevedo Carvalho e José Martins Filho, os quais dirigiram os trabalhos, e pelo Sr. Aristides Machado, pela totalidade dos associados presentes.

Francisco Xavier — Secretário

COMPANHIA FABRIL DA CACHOEIRA GRANDE

Primeiro emprego de Chico Xavier, entre 1921 a 1925, graças ao empenho do padre Sebastião Scarzello.

BAR ELITE
❖ ❖ ❖ DE ❖ ❖ ❖
Claudovino Rocha

Bebidas nacionaes e estrangeiras, conservas, doces, biscoutos, cigarros, charutos, café, leite á qualquer hora do dia ou da noite.

Rua Ferreira e Mello – PEDRO LEOPOLDO

José Felizardo Sobrinho

Negociante em

GENEROS DO PAIZ, CONSERVAS
∴ ∴ **E MOLHADOS** ∴ ∴

RUA FERREIRA E MELLO

PEDRO LEOPOLDO – E. F. C. B. – MINAS

Nos anos 30, Chico Xavier trabalhou no Bar Elite, de Claudovino Rocha, e na "venda" de José Felizardo Sobrinho.

MINISTÉRIO DA AGRICULTURA
D.N.P. Animal   -   D.F.P. Animal
Inspetoria Regional do Fomento da Produção Animal em
Pedro Leopoldo - Minas Gerais

Dados relativos à vida funcional do servidor desta Inspetoria

NOME -   FRANCISCO PAULA CANDIDO

CARGO OU FUNÇÃO - Escrevente Dactilógrafo ref. 21

DATA DE ADMISSÃO AO SERVIÇO PÚBLICO -   1-8-1935

MATRÍCULA -   327.794

NATURALIDADE - Pedro Leopoldo - Minas Gerais

DATA DO NASCIMENTO - 2 de abril de 1910

DOCUMENTO MILITAR -   Cert. de reservista nº 51236 - 3a. Categoria -
4a. R.M. - 15-3-1937.

TÍTULO ELEITORAL -   nº 388 - 11a. zona - Minas Gerais

FILIAÇÃO -   João Candido Xavier e Maria João de Deus

OBSERVAÇÕES -

Cópia da ficha funcional de Chico Xavier na Fazenda Modelo, cuja admissão se deu em 1 de agosto de 1935.

Cine Otoni

Empreza Pró-Hospital

Domingo! HOJE 24-5-936

7,30 - I - Metrotone News, 215 (Replise)

7,45 - "Assobiando no Escuro"

Uma comedia de assumpto policial com - UNA MERKEL - ERNEST TRUEX - JOHNNY HINES - JONH MILJAN - Nat Pendleton - C. Henry Gordon - Edward Arnold.

... Esqueçamos as maguas da existencia, nuns minutos agradaveis de «bom-humor», porque uma gargalhada franca e sadia é ainda o que ha de melhor na vida...

A Seguir:

A TROUPE LA DE CASA, exclusivamente de amadores, apresentará:

I

CIUME - Drama em 1 acto, de Medeiros e Albuquerque, figurando — Geralda Xavier, Martins Filho, J. Xavier, André Xavier, Maria José Gonçalves, Maria Cotta e Mauro Penna.

II

Longe de Ti - Valsa interpretada por Dalia Xavier, acompanhada pelo conjuncto "regional" da troupe.

III

Um Advogado em Apuros - Comedia em 1 acto, de Joteme Filho, figurando: Nelma e Nancy Penna, Lucilia, Raymundo e José Xavier e Martins Filho.

IV

Amôr de Estudante - Interpretada por Geralda Xavier, acompanhada pelo conjuncto.

V

Choriço - Farça em 1 acto, auctoria de ERVIXÁ (José Xavier) apresentando Raymundo, Neuza e Lucilia Xavier e Martins Filho. Choriço...

VI

Meu Buenos Ayres - Tango, interpretado por Geralda Xavier, acompanhada pelo conjuncto.

VII (Final)

A DISPUTA - QUADRO VIVO, inspirado no film: O MEDICO E O MONSTRO.

Programação do Cine Otoni, de 24 de maio de 1936, destacando-se aqui o elenco dos artistas amadores, composto por vários membros da família de Chico Xavier.

Em 1937, Christiano Ottoni Gonçalves Ferreira colocou no ar a PY4-B1, a primeira emissora de radioamador de Pedro Leopoldo.

Pedro Leopoldo, 25 de Outubro de 1942

Bondosa Adélia

Meus votos ao Altíss[...] pela sua saúde e paz, [...] dos os seus queridos fa[...]

Sua carta me trou[...] consolações muito grande[...] transmitir-me as vibraçõe[...] amizade generosa. Agrade[...] bondade de sempre. S[...] mereço a atenção de você[...] amizade que encontro n[...] dos bondosos amigos é [...] verdadeiro manancial de [...]

Como retribuir tant[...] como expressar-lhes o r[...] que fica em minh'alma? [...] digência é grande demai[...]

[...]sar nisto. Mas Jesus, justo e bom, ha[...] de levar a você, Walter, Zeca, João [...] a todos a minha gratidão permanente, [...] em bênçãos de paz, consolação, saúde e alegria.

Lembro-me que quando muito criança, ou[...]via minha mãe afirmar que Georgina [...] fôra sua melhor amiga nas circuns[...]tâncias da vida, que nunca esqueceria [...] os laços sublimes que as uniam entre [...] si. E hoje fico a pensar na divina [...] trama dos destinos espirituais. É im[...]possível que sejamos apenas os amigos [...] do dia de hoje e creio que as nossas [...] ligações têm raízes mais amplas e [...] profundas na casa eterna dos sécu[...]los sem fim. Os lares da Terra conti[...]nuam no Infinito, assim como os [...] lares da espiritualidade continuam [...] neste mundo, não é?

Parcial de carta de Chico Xavier a Adélia Machado de Figueiredo, datada de 25 de outubro de 1942, na qual relata a grande amizade entre sua mãe, Maria de São João de Deus, e D. Georgina Machado, mãe de Adélia.

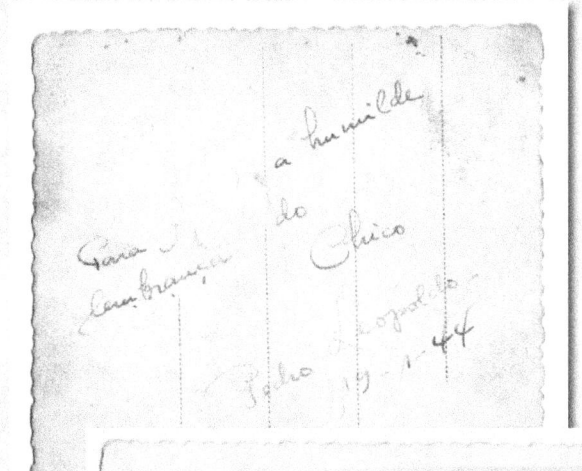

Uma fotografia de Chico Xavier, dedicada, por ele mesmo, a Adélia Machado de Figueiredo, em 19 de janeiro de 1944.

Pedro Leopoldo, 15-2-51

Meu querido Antonio

Deus nos abençôe a todos.

Boas Festas

Um cartão de Natal de Chico Xavier à amiga Mafalda e familiares, em 21 de dezembro de 1957. Dignas de atenção são as complementações à máquina feitas pelo médium ao texto original do cartão.

Pedro Leopoldo, 21/12/57

    Prezada irmãzinha Mafalda
    e estimados Familiares,

Possa o Natal lhes trazer

todas as coisas belas e
felizes da vida
há muito desejadas e um

Feliz Ano Novo! replet
de saude, paz e alegria! São os
votos de seu irmão e servidor re-
conhecido.
        Chico Xavier

Documento do Ministério da Agricultura com registro da transferência de Chico Xavier para Uberaba, datado de 19 de dezembro de 1958.

MINISTÉRIO DA AGRICULTURA
DEPARTAMENTO NACIONAL DA PRODUÇÃO ANIMAL

DIVISÃO DO FOMENTO DA PRODUÇÃO ANIMAL

INSPETORIA REGIONAL EM PEDRO LEOPOLDO

ENTRADA	SAIDA	OBSERVAÇÕES
	18-12-58	

Laura Vieira da Silva, conhecida como Sá Laura, ou vovó Laia (1867-1972), na década de 60. A primeira pessoa a receber Chico Xavier nos braços em seu nascimento. Residiu na Rua São Sebastião, em frente à casa onde Chico Xavier nasceu.

Carmen Perácio nos anos 60.

Zeca Machado na década de 60.

Walter Machado na década de 60.

Maria Lúcia Ferreira Gonçalves, Maria Luiza Xavier Ferreira, Chico Xavier e Geralda Xavier Quintão, com os netos de D. Luiza, Luizinha e Sérgio Luiz Ferreira Gonçalves.

Maria Luiza Xavier Ferreira.

Os irmãos Chico e Maria Luiza.

Maria Lúcia Ferreira Gonçalves, Geralda Xavier Quintão, Chico Xavier, Maria Luiza Xavier Ferreira e o casal amigo de São Paulo, Nena e Francisco Galves.

Homenagem a Pedro Leopoldo no dia de seus 44 anos

Pedro Leopoldo, minha cidade moça,
És bela, altiva e altaneira.
Viverás eternamente gravada
Na alma da gente mineira.

Completar, hoje, 44 anos,
Anos esses de luta e labor,
Sendo, portanto, grande credora
De nossa gratidão e amor.

Pedro Leopoldo, cidade encantadora,
Toda cheia de glória e beleza,
És toda nossa esperança
E o nosso orgulho de grandeza.

Lembro-me ainda,
Com saudades, de sua bela inauguração.
Foi um acontecimento majestoso,
Que fez vibrar meu coração.

Eu te saúdo, minha linda cidade,
Desejando-te um porvir de glória,
Cheio de triunfo e de sucesso,
Que será sempre lembrado na história.

Bendita Nossa Senhora da Conceição,
Nossa santa e querida padroeira,
Implorando, suplicando de joelhos,
Protejei o povo da antiga Cachoeira.

Salve, benfeitores de Pedro Leopoldo,
Homens de raro altruísmo,
Que tudo deram por nossa terra,
Com honra e grande heroísmo.

Salve, minha cidade querida,
Linda entre as mais lindas,
Pelo grande bairrismo de teus filhos,
Rainha de Minas.

Guida Viana — 27 de janeiro de 1968

Guida Viana foi uma das primeiras professoras de Chico Xavier.

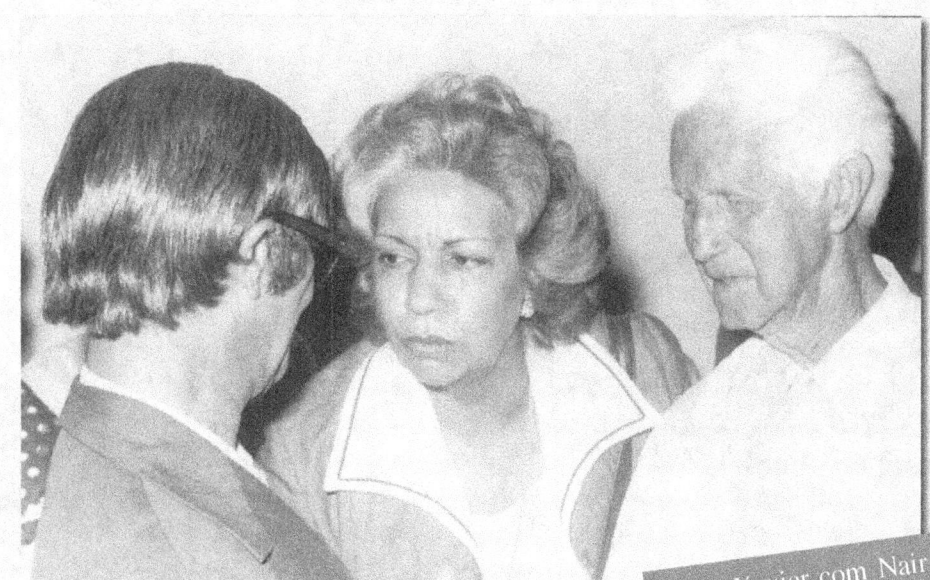

Chico Xavier com Nair Machado Paschoal, em tarde de autógrafos.

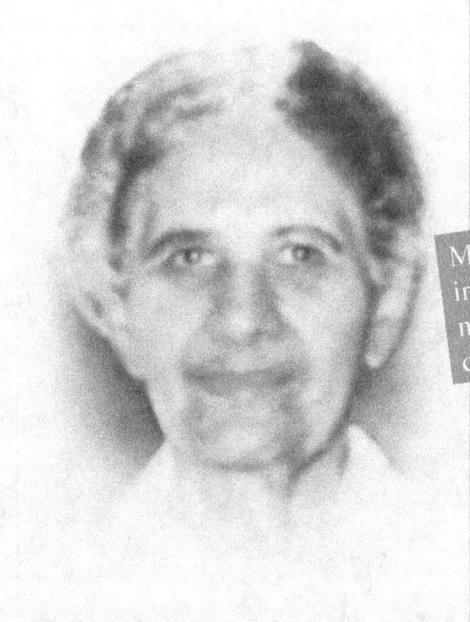

Maria da Conceição Xavier Pena, a Tiquinha, irmã de Chico, que o conduziu, involuntariamente, ao Espiritismo, numa fotografia da década de 70.

Confessor de Chico Xavier, Monsenhor Sebastião Scarzello, numa fotografia dos anos 70.

Hermelita Soares Horta, amiga de Chico Xavier e fundadora do Centro Espírita Amor e Luz, de Matozinhos, numa fotografia da década de 70.

Trecho do discurso pronunciado
por Chico Xavier em 15 de novembro de 1980, por ocasião da inauguração da
Praça Francisco Cândido Xavier

"Gente amiga e maravilhosa de Pedro Leopoldo e família do meu coração, eu vos agradeço a assistência que me dispensastes na pessoa de D. Juventina Emiliano Moreira, quando, aos cinco janeiros de idade, perdi a presença da minha mãe neste mundo e fui transferido transitoriamente para um lar alheio; o carinho com que me alfabetizastes, no Grupo Escolar São José, através da abnegação das professoras D. Rosária Laranjeira, D. Alpha de Azevedo, D. Ana Alves de Almeida e da Srta. Guida Viana; a concessão da merenda escolar, no dia-a-dia, que me destes por intermédio das mãos devotadas da Sra. D. Georgina Machado, de saudosa memória, e de sua querida filha, D. Nair Machado Paschoal; a bondade com que me conduzistes à minha primeira infância de trabalho profissional — a Fábrica de Tecidos Cachoeira Grande —, aos dez janeiros de idade, quando o meu protetor e amigo Reverendo Padre Sebastião Scarzello pediu para mim semelhante bênção, porque não admitia que ninguém me aceitasse na condição de uma criança sanatorizável; a bondade dos seis meses de estudos da língua portuguesa, que me proporcionastes através das aulas gratuitas, na generosidade da nossa distinta educadora D. Zenith Bahia; o amor com que me levastes ao segundo lugar de serviço profissional, que foi a casa comercial do Sr. Claudovino Rocha, o nosso inesquecível Dove, recentemente transferido para a vida espiritual; a bondade com que me orientastes ao nosso trabalho que me concedestes no armazém do Sr. José Felizardo Sobrinho, em cujo balcão, em cuja cultura de alho, aprendi maravilhosas lições, que até hoje me iluminam a memória e me reconfortam o coração; a simpatia e o respeito com que me vistes integrar a equipe dos espíritas-cristãos de Pedro Leopoldo, então formada pelo Sr. Ataliba Ribeiro Viana, pelo Sr. José Felizardo Sobrinho, pelo Sr. Galaor Teixeira, pelo Sr. José Hermínio Perácio e sua querida esposa D. Carmen Pena Perácio, pelo Sr. Agripino de Paula Cruz e tantos outros; a bondade com que recebestes as páginas mediúnicas obtidas através de minhas mãos obscuras de trabalhador, sem qualquer preparação para isso; o amparo que me destes, quando a saúde em dificuldade me aconselhava, através de médicos amigos, a transferência para o clima do Triângulo Mineiro, onde me sediei na cidade de Uberaba, que me recebeu, igualmente, por seu filho adotivo e à qual presto aqui, diante da vossa magnanimidade, o meu respeito e a minha gratidão.

Agradeço as muitas vezes que me vestistes, através da generosidade de D. Cefiza Viana, que encomendava nas alfaiatarias da cidade as roupas de que eu necessitava e que ela exigia fossem iguais às de seu filho, o professor Astor Viana, que está sempre em nossa memória e em nosso agradecimento, a fim de que não me faltasse uma boa apresentação.

Agradeço-vos o carinho com que me proporcionastes a admissão ao serviço público federal, na Inspetoria Regional da Produção Animal em Minas Gerais, sediada em Pedro Leopoldo, através da bondade de nosso inolvidável Fausto Joviano, onde tive a honra de trabalhar, por mais de três décadas, sob a orientação de chefes competentes e amigos, quais sejam o Dr. Rômulo Joviano, o Dr. Thomaz Health Dalton, o Dr. Dalton de Rezende Alvim e o Dr. Euclides Franco Filho, e de onde eu trouxe para o meu caminho e para a minha vida amigos inesquecíveis, quais sejam os nossos caros companheiros de Pedro Leopoldo o Sr. Alcindo de Oliveira, o Dr. Carlos Alberto Miranda, o Sr. Geraldo Brás Moreira, o Sr. José dos Santos Moreira, nosso querido vereador da Câmara Municipal de Pedro Leopoldo, que me sensibilizou até às lágrimas com as suas palavras quentes de sensibilidade e ternura humana. E não posso esquecer, nesses registros, a figura inapagável do nosso querido amigo Manuel Diniz, cuja presença nos deu tanta felicidade durante a sua permanência entre nós e que se encontra, por desígnios da Divina Providência, na Espiritualidade Superior.

Agradeço a bondade de amigos queridos, que sempre me doaram o máximo de carinho e colaboração, fossem quais fossem as circunstâncias da vida, lembrando-nos, especialmente, dos nossos queridos companheiros de Pedro Leopoldo Dr. José de Azevedo Carvalho, Dr. Christiano Ottoni, Gerson Barbosa Chaves, Gervásio de Paula Marques, Alfredo Barbosa, José Martins Filho e o nosso devotado José Soares Diniz, o nosso querido amigo José do S.

A todos estendo a minha gratidão, porque o troféu desta hora foi feito com ingredientes que recebi de vossas almas. Nunca tive nada de meu para vos ofertar. Não falo por modéstia, nem por humildade. Falo com sinceridade, procurando restituir-vos aquilo que é vosso, porque esta praça vos pertence. Eu não posso esquecer a minha dívida, gente amiga de Pedro Leopoldo! Eu vos devo tanto e tenho as mãos vazias!..."

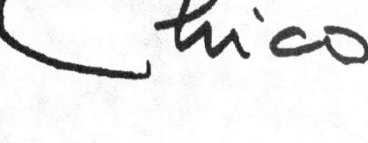

Jhon Harley entre Geraldo Leão e José Issa Filho, contemporâneos de Chico Xavier, na sede do Arquivo Geraldo Leão, em 2010.

ANEXO B

iconografia

Alberto Diniz
Antenor Paiva
Arnoud Santos
Christiano Ottoni — Gestão 1935 | 1947
Dalton Macedo de Andrade
Darci Martins de Almeida
Edésio Pereira Silva
Foto Campello
Geraldo Alves dos Santos
José Dias Vieira
José Domingues Filho
José Góes
José Josias Gonçalves Bahia
José Miranda Filho
Milton Salvador Trópia
Paulo Afonso Gonçalves Silva
Pedro Rocha
Santos e Cia.
Stokler Dolabela
Versátil Vídeo Spirite — Captura de imagens
Wagner Costa

LEIA TAMBÉM

SEMENTEIRA DE LUZ

Voltando à Terra no século XIX, Neio Lúcio encarna a personalidade de Arthur Joviano, cujo núcleo familiar, em missão redentora de um passado longínquo, conta com as presenças de personagens descritos nos romances *50 anos depois* e *Renúncia*. Desprendido em 1934, Neio Lúcio inicia sua comunicação com a família, através da mediunidade de Chico Xavier, em reuniões semanais de culto evangélico na casa de Rômulo Joviano, em Pedro Leopoldo | MG. As mensagens, repletas de sabedoria e amor extremado por todos aqueles com os quais conviveu, são bem a confirmação dos compromissos reparadores que assumimos na Espiritualidade, alicerçados nos ensinamentos de Jesus para nos tornarmos legítimos semeadores da Boa Nova.

PELO ESPÍRITO NEIO LÚCIO
PSICOGRAFIA DE FRANCISCO CÂNDIDO XAVIER
ORGANIZAÇÃO DE WANDA AMORIM JOVIANO

DEUS CONOSCO

DEUS CONOSCO é o livro que dá sequência às revelações espirituais inéditas da psicografia de Francisco Cândido Xavier, trazidas a lume pela prestimosa organização de Wanda Amorim Joviano, com a colaboração de Geraldo Lemos Neto. As mensagens, recebidas em sua maioria no culto doméstico do Evangelho no lar da família Joviano, nas décadas de 30 a 50, na Fazenda Modelo, em Pedro Leopoldo | MG, são de autoria de Emmanuel, o espírito responsável pela materialização da extensa bibliografia que tanto esclarecimento e consolação verteram da Vida Maior para a face da Terra, através das abnegadas mãos de Chico Xavier. DEUS CONOSCO nos traz de volta ao convívio os memoráveis discípulos do Cristo, ligados desde priscas eras, cuja missão foi a da revivescência do Cristianismo puro e simples dos tempos apostólicos, no coração humilde e generoso das terras pacíficas do Brasil.

PELO ESPÍRITO EMMANUEL
PSICOGRAFIA DE FRANCISCO CÂNDIDO XAVIER
ORGANIZAÇÃO DE WANDA AMORIM JOVIANO E GERALDO LEMOS NETO

MILITARES NO ALÉM

Dentre os tesouros guardados por Wanda Amorim Joviano, MILITARES NO ALÉM, da lavra de Chico Xavier nos anos de 36 a 52, no mínimo surpreende pela atualidade das mensagens em torno da paz que a humanidade do século XXI tanto anseia. Fruto da sua ingente dedicação no desdobre das tarefas mediúnicas no culto do lar realizado durante muitos anos pelo *Grupo Doméstico Arthur Joviano*, na Fazenda Modelo, em Pedro Leopoldo | MG, esse livro relata, na perspectiva espiritual de muitos servidores da pátria, a realidade consoladora do *outro lado*, onde o trabalho pelo bem não cessa e a esperança é sentimento que inspira a vitória do amor preconizado por Jesus.

ESPÍRITOS DIVERSOS
PSICOGRAFIA DE FRANCISCO CÂNDIDO XAVIER
ORGANIZAÇÃO DE WANDA AMORIM JOVIANO

SEMENTEIRA DE PAZ

Volume que dá sequência ao roteiro de revelações espirituais do espírito de Neio Lúcio, que em última romagem terrena envergou a personalidade de Arthur Joviano, pai de Dr. Rômulo Joviano, diretor da Fazenda Modelo em Pedro Leopoldo | MG, onde Chico Xavier trabalhou por largos anos. As mensagens nele contidas surgiram espontaneamente pela psicografia de Chico Xavier a partir de 1935, na residência da família Joviano, na própria Fazenda Modelo, durante o culto do Evangelho no lar do *Grupo Doméstico Arthur Joviano*, a que Chico prazerosamente se dirigia depois de findos os seus trabalhos diuturnos, dando a *Deus o que é de Deus* após dar a *César o que é de César*. Recebidas por Chico Xavier de 1946 a 1948, as mensagens de Neio Lúcio foram batizadas de SEMENTEIRA DE PAZ, sendo esse novo livro, organizado por Wanda Joviano, dedicado ao centenário de nascimento de Chico Xavier (1910-2010), o *medianeiro do amor*.

PELO ESPÍRITO NEIO LÚCIO
PSICOGRAFIA DE FRANCISCO CÂNDIDO XAVIER
ORGANIZAÇÃO DE WANDA AMORIM JOVIANO

ILUMINURAS

ILUMINURAS é a primeira publicação de bolso da Vinha de Luz Editora. É composta de pensamentos e frases extraídos do livro *Deus conosco*, do venerável espírito Emmanuel, psicografado por Francisco Cândido Xavier nas décadas de 30 a 50, durante o culto cristão no lar do Dr. Rômulo Joviano, na Fazenda Modelo, em Pedro Leopoldo | MG. A riqueza dos ensinamentos evangélicos apresentados na obra fala por si só e atesta o amparo de nosso Senhor Jesus Cristo à divulgação da Doutrina Espírita, codificada pelo apóstolo Allan Kardec.

PELO ESPÍRITO EMMANUEL
PSICOGRAFIA DE FRANCISCO CÂNDIDO XAVIER
ORGANIZAÇÃO DE CEZAR CARNEIRO DE SOUZA

CHIQUITO

CHIQUITO, da autora portuguesa Julieta Marques, conta um pouco da vida de Chico Xavier em linguagem acessível e direta, num convite ao amor, à humildade e à disciplina exemplificados pelo *médium do século*. Totalmente ilustrado, CHIQUITO é o segundo título da Vinha de Luz Editora voltado à evangelização infantil, que atende, sem dúvida alguma, às *crianças de todas as idades*.

JULIETA MARQUES

PÉROLAS DE SABEDORIA

Compulsados dos livros *Sementeira de luz* e *Deus conosco*, ambos organizados por Wanda Amorim Joviano, as frases e os textos apresentados no livro PÉROLAS DE SABEDORIA foram coletados e reunidos por Braz José Marques com o propósito de engrandecer o aprendizado de todos nós nos estudos evangélicos do dia-a-dia. As pérolas da Espiritualidade — aqui incrustadas na condição de joias valiosas — são fundamentais para o esclarecimento daqueles que delas se valerem, expositores ou não da Doutrina Espírita.

PELOS ESPÍRITOS EMMANUEL E NEIO LÚCIO
PSICOGRAFIA DE FRANCISCO CÂNDIDO XAVIER
ORGANIZAÇÃO DE BRAZ JOSÉ MARQUES

CHICO XAVIER — O PRIMEIRO LIVRO

Vinte anos antes de sua desencarnação, Chico Xavier revelou que sempre guardou no íntimo o desejo de publicar as belas produções mediúnicas que os amigos espirituais escreviam por seu intermédio, nos idos dos anos 20. Curiosamente, Chico confeccionava, com suas próprias mãos e com grande esforço, alguns exemplares com a finalidade de despertar os amigos para a possibilidade de um livro. Face à pobreza material com a qual vivia, ao médium restava a esperança de que algum desses amigos se interessasse pelo tema e, talvez, movimentasse os recursos necessários para uma publicação. De suas primeiras produções manuais, contendo, inclusive, a sua sensibilidade artística no desenho e na ilustração das mensagens, Chico conseguiu guardar durante toda a sua vida um único exemplar, que ao final de sua existência terrena entregou ao seu sobrinho-neto, Sérgio Luiz Ferreira Gonçalves, que no-lo apresentou para a devida divulgação. Esse é então, de fato e de direito, o primeiro livro de Chico Xavier, que a Vinha de Luz Editora da Casa de Chico Xavier de Pedro Leopoldo trouxe a lume, com a alegria de presentear o amado amigo Chico com a edição de seu *primeiro livro* no ano de 2010, ano de seu centenário de nascimento.

ESPÍRITOS DIVERSOS
PSICOGRAFIA DE FRANCISCO CÂNDIDO XAVIER
ORGANIZAÇÃO DE GERALDO LEMOS NETO E SÉRGIO LUIZ FERREIRA GONÇALVES

LUZ NA ESCOLA

CHICO XAVIER NA ESCOLA JESUS CRISTO DE CAMPOS | RJ

Esse é um livro de Francisco Cândido Xavier, com mensagens psicografadas por ele durante visita de quatro dias à Escola Jesus Cristo, em Campos | RJ, em 1940. Contém comentários de seu organizador, Clóvis Tavares, testemunha ocular de todos os fenômenos ali ocorridos. Os textos desse volume representam uma re-edição da sua primeira, pequena, única e esgotada edição, feita também em 1940, publicação de caráter doméstico da Escola Jesus Cristo, agora reeditada pela Vinha de Luz, que desempenha hoje um papel ímpar no resgate histórico da produção mediúnica de Chico Xavier.

ESPÍRITOS DIVERSOS
PSICOGRAFIA DE FRANCISCO CÂNDIDO XAVIER
ORGANIZAÇÃO DE CLÓVIS TAVARES E FLÁVIO MUSSA TAVARES

COLHEITA DO BEM

A autoria desse livro pertence ao professor Arthur Joviano, o estimado benfeitor espiritual que todos nós conhecemos com o nome de Neio Lúcio, personagem do romance *50 anos depois*, de quem recebemos valiosos ensinamentos dirigidos ao espírito imortal que vai vencer a morte e transpor os séculos. Chico Xavier psi-cografou as mensagens do livro durante o culto do Evangelho no lar da família Joviano, na Fazenda Modelo em Pedro Leopoldo, onde trabalhava. No *Colheita do bem* estão as páginas recebidas nos anos de 1949 a 1952, sendo, portanto, as últimas psicografadas na Fazenda Modelo, uma vez que em 1952 a família Jo-viano transferiu definitivamente sua residência para a cidade do Rio de Janeiro. *Colheita do bem* finaliza a série iniciada com o livro *Sementeira de luz*, seguido pelo *Sementeira de paz* — formando uma verdadeira trilogia da luz, da paz e do bem maior, que a todos nos une no carreiro da evolução espiritual para Deus.

PELO ESPÍRITO NEIO LÚCIO
PSICOGRAFIA DE FRANCISCO CÂNDIDO XAVIER
ORGANIZAÇÃO DE WANDA AMORIM JOVIANO

VIAJANTES
A ESPIRITUALIDADE ILUMINANDO SUA MENTE E SEU CORAÇÃO ATRAVÉS DE CHICO XAVIER

Primeiro audiolivro da Vinha de Luz Editora, esse CD reúne 20 mensagens de espíritos diversos, psicografadas por Chico Xavier ao longo de seus 75 anos de labor mediúnico. Com um sugestivo título-tema e trilha sonora de rara beleza, VIAJANTES, organizado e interpretado por Fernando Peron, é um incentivo ao estudo sério e aprofundado de tão extraordinário patrimônio filosófico, científico e religioso legado a nós pelas mãos operosas e abençoadas de Chico Xavier.

ESPÍRITOS DIVERSOS
PSICOGRAFIA DE FRANCISCO CÂNDIDO XAVIER
ORGANIZAÇÃO E INTERPRETAÇÃO: FERNANDO PERON

O VOO DA GARÇA
CHICO XAVIER EM PEDRO LEOPOLDO | 1910-1959

Esse trabalho histórico, do pesquisador pedroleopoldense Jhon Harley, que conviveu por 21 anos com Chico Xavier, é mais uma contribuição para compreender a figura humana do médium mineiro. Utilizando instrumentos e orientações do campo da História, principalmente no que diz respeito ao uso e à interpretação das fontes orais, escritas e iconográficas disponíveis, o autor transitou entre o acadêmico e o poético, fazendo uma analogia entre uma revoada de garças, ocorrida em 2 de abril de 1910, e a permanência de uma delas entre nós.

JHON HARLEY

CHICO XAVIER —
O MÉDIUM DOS PÉS DESCALÇOS

Chico Xavier foi, durante toda a sua vida, a personificação do bem, do amor ao próximo e da humildade. Nesse livro, Carlos Baccelli relata casos pessoais em torno do médium mineiro e registra, por meio de cartas que agora torna públicas, sua amizade estreita com o maior representante do Espiritismo no Brasil e no mundo. O autor nos coloca em contato muito próximo com Chico Xavier. É como se estivéssemos frente à frente com ele, numa conversa intimista, repleta de ensinamentos. É quase uma conversa ao pé do ouvido — em que podemos sentir de novo, e mais uma vez, a sua insubstituível presença.

CARLOS ANTÔNIO BACCELLI

Era uma vez para sempre

Voltado à evangelização infanto-juvenil, esse livro é um compêndio de mensagens de graciosa narrativa, que enfeixa os ensinamentos do Cristo sob a ótica do Espiritismo, correlacionados a diversos assuntos de ordem espiritual e humana. Suas personagens principais — crianças sedentas de amor e de conhecimento — encantam pela perseverança no bem, sempre amparadas pela nobre e sábia Vovó Angel, que, como o próprio nome já diz, é um anjo do Senhor em suas vidas de aprendizado rumo à luz.

Pelo Espírito Blandina
Psicografia de Carlos Malab

Réstia de luz

Primeiro livro editado pela Vinha de Luz Editora, lançado por ocasião do bicentenário de Allan Kardec (1804|2004) e dos 140 anos da primeira edição de *O Evangelho Segundo o Espiritismo* (1864|2004). Traz mensagens recebidas de espíritos diversos, psicografadas pelo médium Geraldo Lemos Neto, que interpretam as lições de *O Evangelho Segundo o Espiritismo*, nos indicando os caminhos mais certos da vida no permanente convite de nosso Mestre e Senhor Jesus.

Espíritos Diversos
Psicografia de Geraldo Lemos Neto

Evangelho puro, puro Evangelho
— Na direção do Infinito

Seguidor inconteste da Boa Nova do Cristo, e espírita em sua mais pura essência filosófica, Martins Peralva deixou para os estudiosos da Doutrina textos de iluminada sabedoria e reflexão, que foram reunidos no livro *Evangelho puro, puro Evangelho — Na direção do Infinito*, organizado por Basílio Peralva, e que a Vinha de Luz Editora trouxe a lume numa homenagem ao centenário de nascimento do *médium do século*, Francisco Cândido Xavier (1910|2010). A obra, que congrega artigos publicados na imprensa de 1945 a 1999, é indispensável ao homem de boa vontade, abordando temas imprescindíveis a todos os corações que jornadeiam rumo ao progresso espiritual.

Martins Peralva
Organização de Basílio Peralva

CÉLIA LUCIUS, SANTA MARINA
SEMELHANÇAS ENTRE AS BIOGRAFIAS CATÓLICAS E O ROMANCE
50 ANOS DEPOIS DE FRANCISCO CÂNDIDO XAVIER E EMMANUEL

CÉLIA LUCIUS, SANTA MARINA é a revivescência da vida daquela que Chico Xavier | Emmanuel descreveram no romance *50 anos depois* como "*o lírio que nasceu do lodo das paixões do mundo para perfumar a noite da vida terrestre*" e que a igreja católica canonizou no século V. Aqui, por meio do minucioso e irrefutável estudo biográfico realizado por Flávio Mussa Tavares, filho do saudoso Clóvis Tavares, de Campos | RJ, o leitor se deparará com diversos relatos sobre Célia, confirmando a veracidade da narrativa do médium mineiro nos idos dos anos 40, tal qual previra Emmanuel no prefácio da obra referenciada. Para os espíritas, a consolidação da interexistência de Chico no desdobramento do labor mediúnico a benefício da difusão da Doutrina e sua prática evangelizadora, exemplificando o amor e a humildade legitimamente cristãos. Para os demais, uma reflexão sobre as lutas transitórias da vida física e a realidade além-túmulo — a verdadeira vida de todos nós.

FLÁVIO MUSSA TAVARES

IGNÁCIO DE ANTIOQUIA

Uma viagem ao tempo da simplicidade e da pureza do Cristianismo, em sua mais bela e genuína expressão. Obra mediúnica repleta de episódios históricos do Cristianismo primitivo, que resgata para a memória da humanidade a vida e a trajetória de um dos seguidores mais valorosos de nosso Senhor Jesus Cristo.

PELO ESPÍRITO THEOPHORUS
PSICOGRAFIA DE GERALDO LEMOS NETO

SERVIÇO EDITORIAL

Departamento Editorial da Casa de Chico Xavier
Av. Álvares Cabral, 1777 — 20º andar — Sala 2006
Santo Agostinho | 30170-001 | Belo Horizonte | MG
(31) 2531-3200 | 2531-3300 | 3517-1573

www.vinhadeluz.com.br
informacoes@vinhadeluz.com.br

www.casadechicoxavier.com.br

Este livro foi composto em tipologia Zapf Humanist, corpo 11, predominantemente.
Capa impressa em papel Supremo 300g e miolo impresso em Off Set 90g.
Lis Gráfica e Editora Ltda. | Guarulhos | São Paulo